何聯奎
衛惠林 著

臺灣風土志

中華書局印行

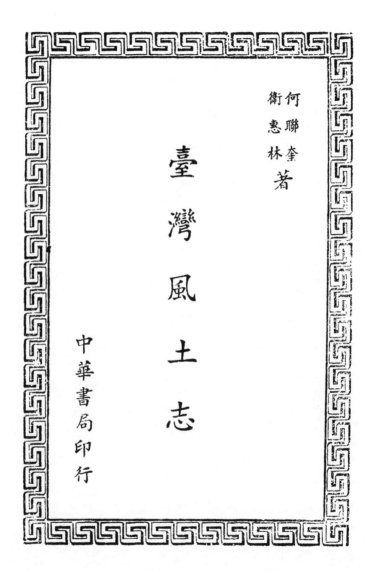

臺灣風土志

弁言

前幾年，偶爾翻閱一九一五年英史地學家費格利（James Fairgrieve）著的地理與世界勢力（Geography and World Power），其中提到臺灣，說：「臺灣和中國相距僅七十里，但在十三世紀以前，中國人竟絕未聞有臺灣之存在，直至一六二八年，葡萄牙及繼起的荷蘭在臺灣建立商站以後，中國始領臺灣爲己有；即佔領後，亦視爲無關輕重。」閱後，即覺費氏的話，對於臺灣的歷史認識不夠，而對於臺灣和中國大陸關係的看法，亦不甚正確。今有歐美人士，言論龐雜，亦難免受他這些話推演的影響，甚而引致一種政治上的錯覺。這是給我一個感觸。去年，前日本駐華大使館參事清水董三回國後，在文藝春秋發表地緣濃於血緣一文，把臺灣的歷史以及臺灣和中國的關係都否定了。他想重溫帝國主義者的舊夢，恬不知恥，胡說亂道，直是夢中說囈話！這，原不值得駁斥，但又給我一個更深的感觸。本省有極少數人，對於祖國歷史文化與其自身所依以生存的傳統習慣，缺乏了解，竟忘其所在，忘其所自，忘其所向，而自絕於國人！這，原關個人人生的悲哀，但又給我一個感觸。由於這些感觸，促使我寫成臺灣風土志上篇。本篇所述，限於臺灣平地的風俗習慣及其傳統文化，就此範圍，別其類型，取其重點，以民族學、社會學和民俗學的觀點，加以分析，並酌作綜合的說明。是篇之作，或可增進一般讀者對於臺灣風土與傳統文化深一層的認識。

備惠林兄學有專長，熟諳日語，從事臺灣土著族的調查研究，將近十年，在學術工作上最有成就。近年，政府推行山地政策，山地文化，頗多進步；山胞生活，日見改善。這些情形，報章雜誌，時有報導。我以臺灣土著族文化，商請惠林兄作較通俗而具學術性之撰述，列爲臺灣風土志下篇，以餉讀者，期使一般讀者對於臺灣山地文化的本質，得一深切的了解。

臺灣文化，是平地文化和山地文化二者所構成。本書分上下兩篇，上篇論述平地的風土，下篇論述山地的習俗。本書謂爲臺灣風俗史，亦無不可。

何聯奎　民國四十五年四月

臺灣風土志

弁言

上篇目次

上篇插圖目次一

上篇插圖目次二

臺灣省略圖

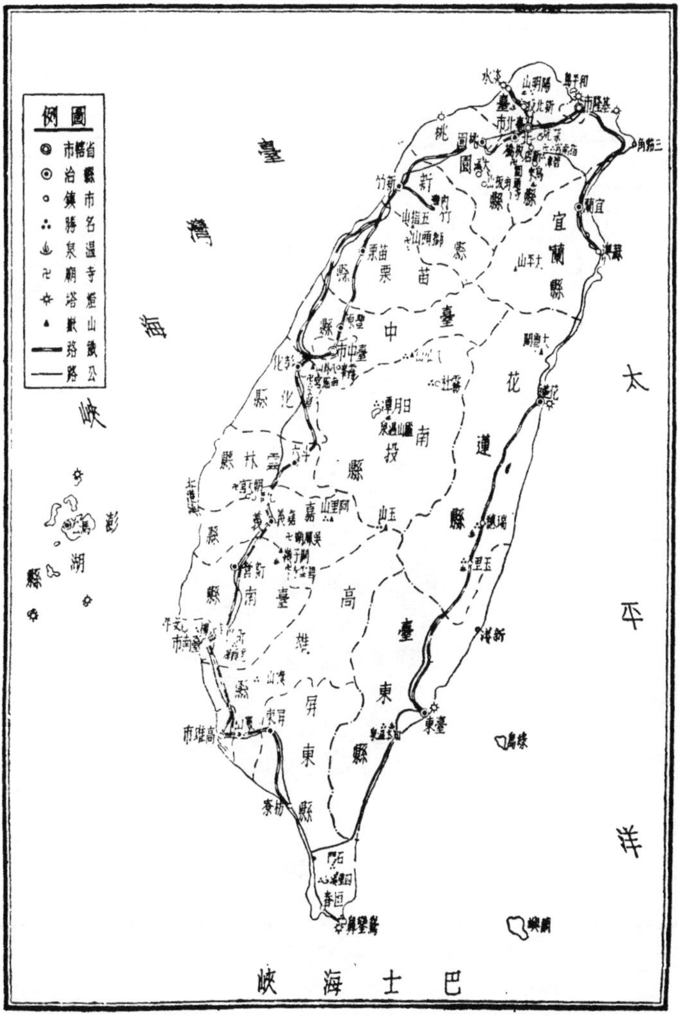

圖例
省轄市
縣治
市鎮
名勝
溫泉
寺廟
燈塔
山嶽
鐵路
公路
臺灣海峽
太平洋
巴士海峽
澎湖縣
臺北市
基隆市
臺北縣
宜蘭縣
桃園縣
新竹縣
苗栗縣
臺中縣
臺中市
彰化縣
南投縣
花蓮縣
雲林縣
嘉義縣
臺南縣
臺南市
高雄縣
高雄市
屏東縣
臺東縣
綠島
蘭嶼
鵝鑾鼻
三貂角
日月潭
阿里山
玉山

臺灣之史的開拓圖(一)

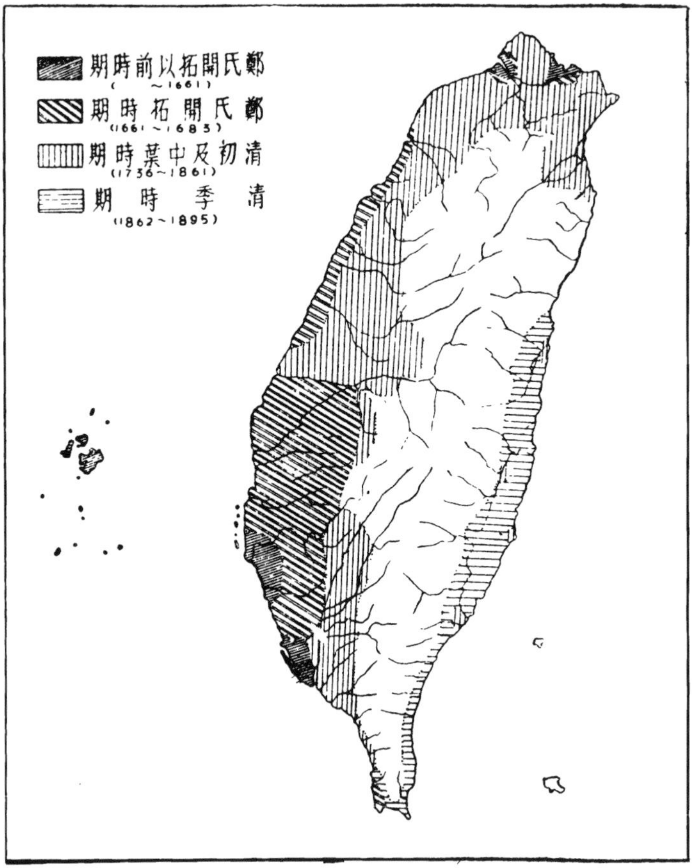
鄭氏開拓以前時期
(~1661)
鄭氏開拓時期
(1661~1683)
清初及中葉時期
(1736~1861)
清季時期
(1862~1895)

臺灣之史的開拓圖(二)

漢代之東鯷

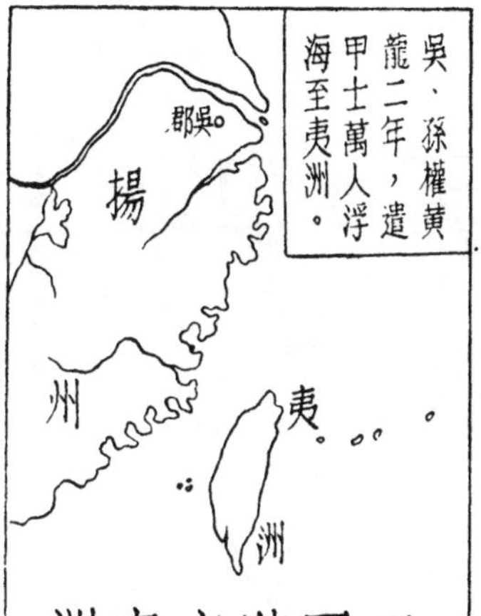

三國時之夷洲

隋代之琉求

唐代之琉求

臺灣之史的開拓圖（三）

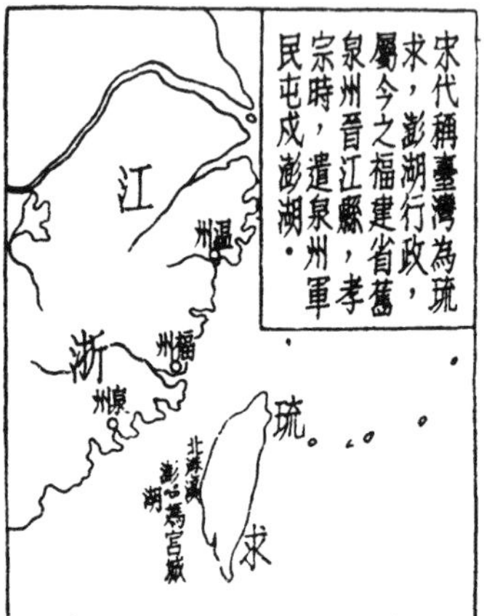

宋代之琉求

元代之瑠求

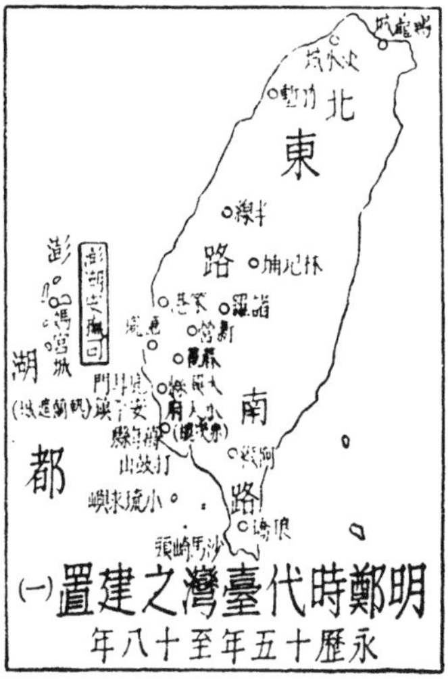

明鄭時代臺灣之建置(一)

永歷十五年至十八年

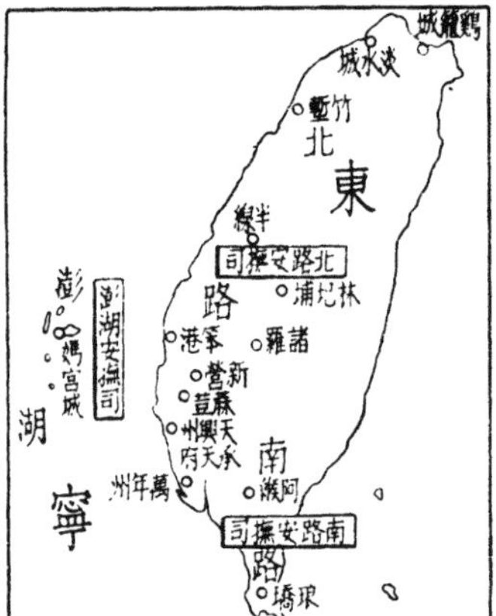

明鄭時代臺灣之建置(二)

永歷十八年至卅七年

臺灣之史的開拓圖（四）

清代臺灣之建置（一）
（康熙時代）

清代臺灣之建置（二）
（雍正至同治時代）

清代臺灣之建置（三）
（光緒元年至十二年）

清代臺灣之建置（四）
（光緒十三年以後）

民國三十六年以前臺灣住民祖籍分布圖

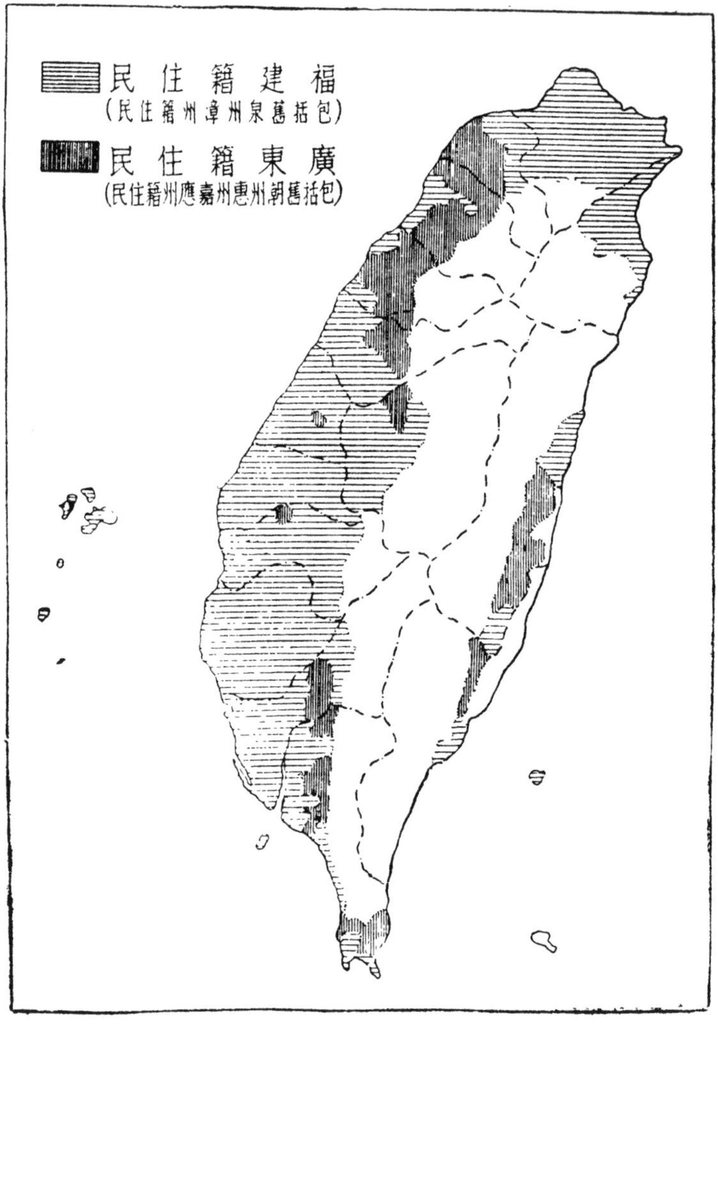

（1）民族英雄：鄭成功——有功德於民而爲臺民所崇拜者

（2）仁聖：吳鳳——自我犧牲以誠化俗而爲臺民所崇拜者

(3) 明之承天府(赤嵌樓)——臺灣政治開拓之象徵

(4) 臺南孔子廟——臺灣文教開拓之象徵

(5)北港朝天宮(媽祖廟)
——民間信仰之中心

(6)

媽祖——相傳，媽祖姓林，名默娘，宋，莆田縣人。一生救人救世，歿而爲海神，本省人尊爲聖母，奉若神明。南洋印尼等地，均有媽祖廟，香火亦盛。我國人之對媽祖之信仰，乃爲中華民族向海外發展之象徵。

臺灣風土志 上篇

何聯奎 著

第一章 緒言

第一節 臺灣風土之本義

人類的生活，細分之，有三方面：一爲物質的現象，凡是有關日常生活所需以及工藝、生產等，皆屬之；二爲社會的現象，凡是有關種族綿續以及社會組織等，皆屬之；三爲心理的現象，凡是有關宗教信仰以及節序娛情等，皆屬之。人羣在各種生活中，有其共同的行爲方式，而養成共同的習慣。這種共同的習慣，就是風俗，亦就是習俗。寄生於同一土地上的人羣，彼此人事交織，相習成風，這就謂之風土。由於此一解釋，則風土的意義，與風俗習俗的原意，實在並無二致。故風俗、習俗、風土三名詞，廣義言之，有其通確性，可並用而不悖。試擧例以明風土的本義。以衣著爲例，衣以護身，亦以章身，出於自我生存的要求，爲人人所同習，這是一種習俗。以婚配爲例，男婚女嫁，出於種族生存的要求，爲人人所共循，這也是一種習俗。以信仰爲例，民間信仰對象，雖不盡同，但求有所慰情則一，這又是一種習俗。因此，可知一社區風土的形成，在於社羣心理共同之所向及其行爲一致之所趨。

大凡風土，有其文化效用和社會價值，因人地的接觸而發生播化作用。臺灣一省，以其自然環境和種種特殊背景，孕育而成臺灣的傳統風土。要知這種風土的特質，必須瞭解臺灣的開拓和傳統文化的發展。以下各節，先就臺灣風土的背景，作一鳥瞰的觀察，然後分述開拓經過及傳統文化的特質。

第二節　地理背景

臺灣爲我國行省之一，在全國行政區域中，爲唯一由島嶼所組成的省分。本省區域，包括臺灣本島及其附島和澎湖羣島。其地理位置，在我國大陸東南部海面，西隔臺灣海峽，與福建省相對，亦與廣東省接近；東臨浩瀚無際的太平洋；北接琉球羣島，蜿蜒而達日本；南隔巴士海峽，與菲列賓羣島相望，並扼南洋羣島北方的門戶；地位衝要，形勢天成。在中國國防上，臺灣號稱「七省藩籬」；在全球軍略上，臺灣佔有自由世界在西太平洋島嶼防禦連鎖的重要地位。由此可知臺灣的「位置價值」了。

臺灣島形狹長，狀如紡錘，亦如芭蕉葉，南北之長，由富貴角至鵝鑾鼻，計三百九十四公里；東西之寬，由新港至新社，計一百四十四公里。臺灣本島面積，佔全省千分之九百九十三，計三萬五千七百六十方公里，與附島合計，達三萬五千八百三十四方公里。澎湖羣島面積，僅一百二十七方公里，其中澎湖本島又佔澎湖羣島全面積之半數。全省面積，合計三萬五千九百六十一方公里。

從考古學上探討，得知臺灣原與中國大陸相連，故中國之有臺灣，可說與大陸同其悠久。而其遠古文化，由中國大陸東南沿海傳入，尤爲不可否認的事實。正因地理上關係的密切，促致文化上的巨大影響，爲構成臺灣傳統風俗之一要素。

第三節　歷史背景

臺灣一地，四面環海，土人生息，歷時久遠。考臺灣爲漢代的東鯷，三國時的夷州。吳、孫權黃龍二年，遣衞温、諸葛直率甲士萬人浮海至夷州，是爲中國經略臺灣的開始。晉、永嘉之亂，中原一帶的人，大舉南遷，就有不少遠徙海外的，那時亦有由福建方面漂泊來到臺灣的。隋代初葉，屢遣專使或軍旅到臺灣來安撫與經營。史家都認當時的琉求就是現今澎湖、臺灣、琉球的總稱。隋書琉求傳所述風俗，大都可與臺灣土著相印證。迭更五代，變亂相尋，大陸人民轉徙澎臺者漸多。北宋末年，金人侵擾，宋室南渡，沿海居民，紛紛渡海來臺避難。那時，即以北港爲漢人和土人貿易的港口。南宋孝宗時，曾遣泉州軍民屯戍澎湖，以澎湖爲海防的要區。澎湖靠近閩南，爲漳泉的屏障，爲大陸通臺的橋梁，閩人大抵以此爲跳板而泛海入臺。元代，稱臺灣爲瑠求，曾兩次遣使來臺撫慰。至元中，在澎湖設巡檢司，隸今之福建同安縣，這是我國行政建置及於臺灣的發端。

臺灣，自宋元以後，迄乎明之中葉，大陸人民之移殖者益多。嘉靖末，海上豪强以臺澎爲活動之區，就中以吳平、林道乾、黃朝太等爲最著。萬曆、天啓間，閩人顏思齊、鄭芝龍相繼由日入臺，領中土之民，初則活動於海上，後而從事於拓殖，開土田，建部落，鎭撫土著，文化漸開。崇禎間，熊文燦撫閩，值大旱，謀於鄭芝龍，乃招饑民數萬人到臺灣，令其墾田築屋，於是臺灣漸成聚落。天啓四年（西元一六二四年），荷蘭人由澎湖侵入臺灣西南海岸，以臺南爲中心，擴及北港、麻豆、新化、岡山等地。天啓六年（西元一六二六年），西班牙人復乘機侵略臺灣北部雞籠（今之基隆），崇禎元年（西元一六二八年），又侵入滬尾（今之淡水）與三貂角。故當時臺灣南部爲荷蘭人所侵據，而北部則爲西班牙人所佔有。迄崇禎十四年（西元一六四一年），西人始爲荷人所驅逐。荷人全面佔有臺灣之後，志在商業謀利，力圖土地的開拓而獎勵移民，乃聯絡土著，招納內地人民，令之耕田輸租，成一「海外之國」。

永曆十五年（西元一六六一年），鄭成功自澎湖引兵進至臺灣海岸的鹿耳門，在安平港登陸，深受當地大陸移民的歡迎，攻克赤嵌樓，荷人出降，遂結束荷蘭三十八年的侵據。鄭氏既得臺灣，改荷人的熱蘭遮（Zeelandia）城爲安平鎭，改赤嵌（Providentia）城爲承天府，南路置萬年縣，北路置天興縣，以臺灣全島爲東都。另設安撫司，以治澎湖。永曆十八年，鄭經改東都爲東寧，陞天興萬年爲二州，於南北兩路及澎湖各設安撫司。總而言之，鄭氏光復臺灣，設官分治，編組里社，推行屯墾，安定社會，奠下政治建設的始基。清康熙二十二年（西元一六八三年），領有臺灣，改承天府爲臺灣府，隸於福建省。歷清二百年，至光緒十二年（西元一八八七年），臺灣才改建爲行省。光緒二十一年（西元一八九五年），甲午戰敗，臺灣割讓於日。本省同胞，受制於異族，歷五十年之久。在此時期，同胞不甘受異族的統治，無日不志圖光復。愛國志士，迭起反抗，達一百餘次之多。其愛國革命之精神，永垂而不朽。民國三十四年，第二次世界大戰勝利，臺灣重歸祖國。由於日據五十年來的經營，留下不少的遺物，但終不能消滅中國傳統的文化。這一寶貴的表徵，尤可於本省風土中覘之。梁任公於民國四年論日人之侵據臺灣，有云：「夫中國國民，非輕易能同化於人之國民也，而其同化他人之力甚强。若以文化本出自我之國，恃一時之武力以征服我，乃欲自爲果蠃，而以我爲螟蛉，結果將適得其反。」梁氏這幾句話，發於日人據臺後二十週年，乃逾三十年，終獲國土重光的驗證。

臺灣土著族，居住臺灣甚久，爲臺灣歷史上必有的記錄。其族，原分布各地平原，後因漢人的移殖，漸次被同化，或遷到較高的山地。凡居留平原的，就和漢人同化而成熟蕃。其居住高山地帶的，清時，施以封鎖政策；日據時期，改用隔離政策，使與平地人民隔絕，因此文化發達遲緩，落於人後。光復以來，政府本人民平等的原則，對山地同胞積極予以扶植。關於土著族的文化，下篇另論述之。

第四節　臺灣之開拓

約在四百年前，葡萄牙人航行經過臺灣海峽，望見一片美麗雄偉的島嶼，很驚奇的，呼之爲「福爾摩沙」(Formosa)，就是指稱臺灣爲美麗之島。這不過是當年對臺灣一種表面的觀察，由於先後不斷的開拓，天然之美，即蔚爲實地之美了。臺灣的開拓，有三方面：一爲人的開拓，二爲物的開拓，三爲精神的開拓。人的開拓，就是人口的發展。物的開拓，就是經濟的發展。精神的開拓，就是文化的發展。臺灣的建立，植基於此三要素。其間經過了艱苦的奮鬬和歷史的磨折，「美麗寶島」之稱，由是始名符其實。

我們國人的移植臺灣，始於三國，漸盛於五代宋元，至明末清初，已達極盛時期。自三國以迄明永曆十五年（西元一六六一年）鄭成功之驅逐荷蘭人，在這一段期間，我國先民的橫渡海峽，冒險遠涉，披荆斬棘，而拓殖臺灣的，具見其創造力的宏大，精神力的堅强。大凡由大陸泛海來臺的，多爲福建人和廣東人。這二省人的移殖臺灣，具有兩個基本的因素：

一為自然環境的導致，閩粵和臺灣一海相隔，航行方便。一為民族習性所使然，閩粵海岸曲折，人民與海相習，故視海洋為坦途，因以養成冒險進取的精神。除此二因素外，尚有其他主要的原因：

(1)經濟的背景——閩粵商賈漁民的向外發展　臺地一隅，在閩粵人尚未大量移入以前，早有福建沿海商人來此負販，漁民來此捕魚。當時物產最為漢人所注意者，就是金硫磺等鑛物，鹿皮鹿脯等狩獵物，以及沿海地區的水族。前者，為海商貿易的對象；後者，為福建沿海漁民活動的對象。漳泉一帶，因山多田少，地瘠人稠，居民向多謀生海上，積有資財，則經營商業，貧者則以捕魚為生，於是臺灣海峽成了海商漁民活動頻繁的地區。這類人移殖臺灣可能為最早。

(2)人為的背景——大陸內地的變亂　自東晉以迄唐末五代，干戈擾攘，中原人民，相率南遷，輾轉徙閩，或由閩入臺。宋高宗南渡，大陸人民由於生活環境艱苦，乃拋棄室家，遠出謀生，因而移徙臺灣的亦不少。明末，政治腐敗，變亂頻仍，繼以滿清入關，兵連禍結，迫使大陸人民東奔西逃，閩人避難臺省者尤多。

(3)天然的背景——大陸內地的荒旱　明崇禎元年（西元一六二八年），閩省大旱，閩人爲飢饉驅迫，不得不遠離鄉井，從事拓殖。其時募飢民來臺者約數萬人，茇舍開墾，秋成所穫，倍於內地，因此來的更多。

(4)社會的背景——內地豪强遊民的向外發展　明嘉靖末，海上豪强以臺澎爲出沒活動之區，就中以吳平、林道乾等爲最著。萬曆、天啓年間，顏思齊、鄭芝龍相率來臺，招徠大量內地人民到此墾荒拓地。漳泉無業遊民，爲生活所迫，紛紛而來。

此外，尙有重要的背景，卽因政治的發展而有拓殖的需要。其最顯著者，爲：

(1)西元一六二〇年，荷蘭人侵據臺灣後，一方爲圖市易之利，一方致力於農業的墾殖，乃竭力獎勵大陸移民，以謀經濟的發展，以鞏固其政治上佔領的地位。荷據時期，大陸移民約達十萬人之衆。其開拓地域，以今日之臺南市爲中心，東面拓至大目降（今之新化），南面拓至阿公店（今之岡山），北面拓至麻豆、北港。全部開墾耕地，約一萬公頃。農產，以稻蔗爲大宗。連雅堂臺灣通史有云：「荷人旣至，制王田，募民耕之，所產之物，米糖爲巨。以其有贏販運中國，遠至日本南洋。」荷人的開拓情形，於此可以概見。所謂荷人據臺時的墾殖制度，稱爲「結首制」。全部耕地，屬於東印度公司，稱爲王田，不許私有，移民和土著，都是「王田」的佃戶。其組織，以十佃爲一結，選一人以爲首，稱小結首。再聯合數十小結，成一大結，總選一人爲首，稱大結首。結首的任務，對上是奉行命令，對下是約束佃農。當時臺灣的社會，爲荷人漢人和土著所構成的複合社會，荷人教土著以爲隸，苛佃農以重稅，把漢人作爲經濟榨取的媒介。閩粵移民，以多年血汗所得，具有經濟力量，久而久之，勢力增強，不免與荷人的統治權力漸起衝突。至明永曆五年（西元一六五〇年），終於發生郭懷一抗荷事變。

(2)鄭成功於明永曆十五年（西元一六六一年）率兵二萬五千入臺，驅逐荷人，其得力於移民之援助者，亦復不少。後來，又移鄉勇及收沿海殘民來臺開闢草萊，相助耕種。從此漢人在臺的控制權乃得確立。鄭成功的開拓臺灣，固以所率將士部隊爲主幹，但他志在匡復明室，自不能以全部隊伍投入墾荒之用。爲補救拓地勞力的不足，故有招納流亡、移徙鄉勇之擧。鄭氏且曾獎勵鄉勇移民眷屬入臺，以廣生聚。農墾區域，則自臺南分向南北推廣，並實行其土地制度。他所實施的，計有三種：一、發駐地之兵，分屯各處，按區開墾，以求野無曠土，軍有餘糧。這種屯墾田地，稱爲營盤田。其營盤田，共有四十餘處，多分布於臺南附近、鹽水港與鳳山等地。二，鄭氏宗室及文武官吏，可招徠移民，從事開墾，其土地所有權，屬於招徠者。這種墾田，稱爲私田，又稱「文武官」田。三，接收荷蘭人原有的王田，改稱官田，凡耕佃的人，都是官家的佃戶。此外，尚有屬於土著的土地及漢人私耕的土地。全部開墾耕地面積，約達二萬公頃。農墾之外，還獎勵甘蔗製糖，發展民間工藝，振興製鹽事業，奠定產業的基礎；繼而外興貿易，以謀商務的發達。立法制，設百官，以樹建國的規模。

(3)康熙二十二年（西元一六八三年），清廷領有臺灣，建置爲臺灣府，承明鄭的餘緒，更作進一步的開拓。當時臺灣移民的活動範圍，已北達基隆，南至恒春。明鄭的官田及文武官田等，改定爲民田。而未拓的土地，無論移民或土著，都可申請開墾。自後漢人聚居增多，墾區益廣。其墾拓範圍，已從南部擴展至中北部。那時，中北部一帶爲土著所佔有。爲了爭取墾拓的利益，漢人、土著間不免發生衝突。雍正三年(西元一七二五年)，規定漢人開墾番地時，應給土著以補償，即納「永耕租價」換取土地使用權，這就稱爲「蕃大租」。因此漢人和土著間的糾紛得以逐漸解決，而土著在平地所佔有的土地，大多轉爲漢人所有。自雍正十年（西元一七三二年）以至乾隆末年(西元一七九五年），所有「限制移民携眷同居」的禁令，完全解除，大陸移民因又激增，其空間的分布，就再由中北部展至臺灣西部平原；而土著族，漸向內地移居；與漢族相處較久的土著，就因彼此雜居互市，終爲漢族所同化。東部臺灣的開拓，始於嘉慶年代，最先開墾的，是東北部的宜蘭平原。至於臺東、花蓮一帶，約在嘉慶以後始有漢人的分布。道光年間，土著族因人爲的關係，大量向中東部山地移動，而對漢人的反抗，時有發生。咸豐、同治間，安平、淡水、打狗（高雄）和基隆四港，相繼開爲商埠。故農墾之外，商務亦見發達。那時，從大陸輸入臺灣的貨物，有布疋、綢緞與棉紗等。而由臺灣輸出的，則爲米、糖、茶葉和樟腦。同治十三年（西元一八七四年）欽差大臣沈葆楨奏請開山撫蕃，可知對土著族的教化工作，亦於同治末葉以後展開了。光緒元年（西元一八七五年），清廷鑒於臺灣北部開拓日廣，人口增多，乃添設臺北府，以固北路；其他行政區域亦加調整，此一階段，政治上有了新的發展。光緒十年（西元一八八四年），法人擾海，劉銘傳受任爲臺灣巡撫，擊退法兵，銳意圖治，舉凡行省的建置，產業的振興，法制的改善，鐵路的敷設，以及其他新政措施，建立了臺灣現代化的初基。有清一代，臺灣政治的開拓，至此而大備。日據時期的建設措置，多承劉銘傳的遺規，擴而實行之。

自明鄭時代以至清光緒二十一年，閩粵人之移居臺灣者，不可勝計，尤以閩人爲最多。自清光緒二十二年以至民國三十四年，日據之五十年中，禁止華人入境。依據估計，鄭成功入臺時，全臺漢人不過十餘萬人。自清領臺灣以至光緒二十一年，移民數約達三百萬。民國三十三年，臺省光復的前一年，已達六百餘萬人。二百八十餘年來，全省人口增至六十倍以上。

今日的臺灣人，就是來自我中國大陸的福建人和廣東人，居住臺灣比較長久。其祖籍閩省者，大都來自泉州舊府屬的晉江、同安、南安、惠安、安溪，漳州舊府屬的龍溪、詔安、平和、漳浦、南靖、長泰、海澄，及興化舊府屬的莆田、仙遊等縣的人民。其祖籍粵省者，大都來自惠州舊府的海豐、陸豐、歸善、博羅、長寧、永安、龍川、河源、和平，潮州舊府屬的潮陽、海陽、揭陽、豐順、大埔、饒平、惠來、普寧，及嘉應州舊府屬的鎮平、平遠、興寧、長樂等縣的人民。閩省籍民，來臺較早，得優先選擇土地，故多分布於西部平原農業區域。粵省籍民，入臺較遲，乃多分布於山麓及丘陵地帶。據西元一九二八年日人調查臺灣人之原簿，閩籍臺灣人，佔百分之八十七；粵籍臺灣人，佔百分之十三。民國十二年，連雅堂著臺灣通史，細述先民自中國大陸移殖臺灣，慘澹經營的經過，至爲深切著明。民國四十三年，美國雷柏爾（Arthur F. Raper）著的臺灣目前之農村問題與其將來之展望，及芮逸夫、陳紹馨合著的臺灣人民之定居方式及家族制度有云：「臺灣之居民，以中國人爲主，佔總數百分之九十八，餘爲屬印尼語系之高山族人。中國人中福建籍廣東籍與大陸其他省籍之比例，大致爲五比一。」這是雷氏等民國四十四年的實地調查報告。雷柏爾重申其言曰：「臺灣人民，承繼中國人文化之傳統。事實上，彼等卽中國大陸移民之後裔，亦卽移居新環境之中國人也。」雷氏的話，無疑的可以增進世人對臺灣的認識；本省同胞，更當永世默記在心了。

由上之所述，可知中國人移殖臺灣的過程，如此其悠長。先有人的開拓，而後才有物的開拓和精神的開拓。此三開拓，與臺灣風土發生直接的關係。前二者，上文均有所分析。茲再分節，申論臺灣之精神的開拓及其傳統文化的特質。

第五節　臺灣風土與傳統文化

移民的功能，爲人類居住地的擴張及其文化的發展。所謂文化，就是一個民族生活的類型，綜其類型，約有三種：一爲物質生活類型，如衣、食、住、行等是；二爲社會生活類型，如社會形態、社會組織等是；三爲心理生活類型，如語文、信仰、節序、娛情等是。大陸人的移殖臺灣，大多爲閩省漳、泉、興化人，與粵省惠、潮、嘉應人。隨之以俱來而移植臺地的，也就是中國大陸的文化。臺灣府志云：「臺灣僻在海外，曠野平原，明末，閩人卽視爲甌脫。自鄭氏挈內地數萬人以來，迄今閩之漳泉，粵之惠潮，相携負耒，率參錯寄居，故風尙略同內郡。」東瀛識略云：「臺民皆徙自閩之漳州、泉州，粵之潮州、嘉應州，其起居服食，祀祭婚喪，悉本土風，與內地無甚差異。」察乎臺省人民的日常生活習慣及其心理現象，實多保持祖籍文化的傳統。但有由於環境氣候的影響，而導致人文風尙的特殊發展。諸如養子女之俗，鬪狠之習，拜拜之風，是最顯著的例子。

臺灣歷經荷蘭、西班牙及日本的侵據，先後達一世紀。而大陸移民，在這一時期，身受異族慘痛的統制，因以激發其民族意識，保持其祖國風尙習俗。例如：服飾，本爲最易變化的生活習慣，在日據五十年間，日人雖力行文化侵略，皇化運動，以鼓勵臺人改易日服，但臺人的堅貞意志，不爲稍移，則仍服用大陸的時裝。因臺滬交通發達，直接間接很易窺知上海時尙服飾，往往不旬日卽倣效流行各地。這是一個例。又民間信仰，亦同大陸內地，以多神信仰爲最普遍。所謂多神信仰，實包括道教、佛教、地方神明以及人人所奉的祖先崇拜。日人對此多神信仰，壓制甚力；一方面，又以政府力量推行神道教，强人信奉。而臺胞具有大中華的民族精神，不稍改變其傳統的信仰。這又是一個例。又荷蘭西班牙侵據臺灣，以傳佈宗教爲手段，實施殖民地的文化與教育，歷三十餘年而後爲鄭成功所掃除。代之而興的，却是堅强的民族教育。後來，日人據臺，竟欲師人故智，又從教育方面，企圖消滅臺民的文化根株而同化之。如設立公立學校，以日文爲「國文」，以日語爲「國語」；限制升學，臺灣人不得享受高等教育；實行思想統制，約束其生活行爲。臺胞富有祖國愛的熱情，正因此發揮其堅毅意志，反抗異族，維護祖國文化。可歌可泣的芝山巖事件，記憶猶新。在今臺灣，無論老幼，尚能操其閩南語和客家語。這是當年臺民反抗日人禁用漢文和臺語的例證。在這些傳統的文化習俗中，臺民所表現的大中華民族精神，將永垂世世代代而不替！

關於臺灣傳統的精神生活之發展，就其歷史文化背景，尚有所闡述。

鄭成功之創業於臺灣，不僅招徠大陸人民的拓殖播化，而且招致苦心畸行的明室志士，宣揚祖國文化，以啓發臺灣的文風，而激發臺灣人的民族精神。浙人沈斯庵，居臺三十餘年，及見延平三世盛衰；初在羅漢門（今屬臺南縣）創設私塾，樂育青年士子，臺灣之有教育，以此爲嚆矢。永曆二十年（西元一六六六年），鄭成功嗣子經及參軍陳永華，建文廟，設學校，延中土通儒，以教子弟。臺灣的教育，自此奠下了基礎。清領臺灣，因滿人原同化於漢族，凡所設施，都就明鄭奠下的基礎，予以充實和擴展。光緒初葉，劉銘傳治臺，順應時代潮流，積極創辦新學，新教育的風氣，便從此樹立起來。自清光緒二十一年臺灣之被割以迄民國三十四年臺灣之光復，日閥雖行了五十年的殖民地教育，但終不能毀滅臺灣的傳統文化與風土。

清康熙二十二年，清人入臺以後，耆宿已少，而寓公漸集。此時沈斯庵年事已高，乃與宛陵韓文琦、關中趙行可、無錫華衮、鄭延桂、榕城林奕、丹霞吳蕖輪、山陽宗城、螺陽王際慧設福臺新詠詩社，旋改爲東吟社，臺灣的文風，由此啓其端而發其緒。東吟社，原是一種吟詠風雅宏揚詩教的結社，這一組織的精神，歷三百年而不衰。清光緒間，唐景崧雅好吟詠，創立牡丹詩社，以詩會友。流風所播，繼之而有浪吟詩社之設。甲午之役以後，日對臺民，統制甚厲，無結社的自由，但這一類結社，却接踵而起，至有數十處。一般文人志士，初以吟詠自遣，藉抒眷懷故國之思；進而借唱酬以互通聲氣，傳達思想，爲民族爭生存。清光緒末葉，林痴仙、連雅堂聯吟結社的，就是臺中櫟社。接着又有臺南南社、臺北瀛社、以及各地區吟社，正如雨後春筍，源源產生。這些詩社，都涵有爲國家爲民族的革命思想。又在日據時期，臺胞多就私塾學習祖國文字，接受祖國教化。今日鄉間，尚有老農對於四書五經，仍能口誦不絕。此例雖不普及，但亦不少，而諳漢文的自然更多。卽此一例，亦可窺知臺胞熱愛祖國之一班。我國民族文教，往往藉此私塾與詩社組織，而在臺灣播植生長，蔚爲傳統的民族精神之文化。凡此民族精神的表現，亦可於風土中具有歷史意義的民間信仰見之。

歸納言之，大陸人民將祖籍文化移植於臺灣者，爲一般的傳統文化。而賢人志士將大陸文化播植於臺灣者，則爲傳統的民族精神敎育與文化。這就是臺灣之精神的開拓。

臺省，原爲海中荒島，先之有人的開拓，繼之有物的開拓，再加之以精神的開拓，由於先民的艱難締造與後人的堅苦奮鬪，荒廢的土地，却一變而爲燦爛肥沃的寶島了！

臺省人民的物質生活、社會生活與心理生活諸現象，皆納之於傳統的文化，本省平地的風土，由此可以窺其全貌。其中習俗，尚有未脫原始心理狀態，而且軼出生活軌範的。此種現象，似非敎育比較發達的臺灣所應有。現在的時代，是科學的時代；現在的世界，是向着工業化途徑發展的世界。舉凡一切迷信陋俗以及不適時不適情的習慣，勢必跟着時代世界的潮流而歸於淘汰了。

附錄一

臺灣省之沿革

一 先史時代

臺灣爲我國沿海第一大島，隔臺灣海峽與福建省相望，海峽最狹處，僅一五〇海里。故在先史時代，臺灣文化即受我大陸文化之影響，而東南沿海文化影響於臺灣者尤亘。我國黑陶文化與彩陶文化之遺物，在臺灣均有發現，此爲明徵。黑陶文化，其分布以山東爲中心，擴至東北、華北，南及浙、閩、臺灣；彩陶文化，爲華北先史時代顯著之文化表徵，以黃河中上游爲中心，包括華東、華北、朝鮮北部，而臺灣亦有痕跡。故臺灣先史時代之文化系統實與我大陸同其源流。

二 上古時代之傳疑

甲 禹貢之島夷

書經夏書禹貢載：「島夷卉服，厥篚織貝，厥包橘柚錫貢，沿於江海，達於淮泗。」蔡沈集傳原注云：「島夷，東南海島之夷。」臺灣地處東海，當屬於島夷之列。臺灣府誌謂：「臺灣、禹貢、揚州之域。」蓋禹貢：「淮海維揚州」。韓昌黎詩：「八閩禹貢屬揚州。」臺灣地近閩，亦隸於禹貢之揚州。

乙　岱員

列子湯問篇夏革載：「渤海之東，不知幾億萬里，有大壑焉，實爲無底之谷，其下無底，名曰歸虛，其中有五山焉：一曰岱輿，二曰員嶠，三曰方壺，四曰瀛州，五曰蓬萊。」臺灣之字音與岱輿員嶠之首字簡稱相巧合，故有謂澎湖爲古之方壺，而臺灣則古之岱員。連橫謂：「臺灣爲岱員，於音實似。」惟臺灣是否卽爲古之岱員，尙爲傳疑之論。

丙　彫題國

山海經載：「伯慮國、離耳國、彫題國、北朐國皆在鬱水之南。」其中離耳國有謂爲今之海南島，而彫題國則擬指臺灣，蓋彫題國有涅面之俗也。此殆亦傳疑之說耳。

丁　瀛洲

史記封禪書：「自威宣燕昭，使人入海求蓬萊方丈瀛洲，此三神山者，其傳在勃海中，去人不遠，患且至，則船風引而去。」因此有謂瀛洲卽臺灣。史記秦始皇本紀：「齊人徐市（徐福）……言海中有三神山……於是遣徐市發童男女數千人，入海求僊人。」臺灣隨筆：「臺灣番民種類甚繁，莫詳所自，或云秦始皇時，方士將童男女五百人入海，蓋出於茲山而育種至今。」臺灣通史（連橫著）：「或曰蓬萊方丈爲日本琉球，而臺灣則瀛洲也，語雖鑿空，言頗近理，蓋以是時航海術未精，又少探險海外，飄渺虛無，疑爲僊境……秦時男女，或有往來臺灣者未可知也。」

三　漢代及三國時代之接觸

甲　東鯷

前漢書地理志：「會稽海外東鯷，分爲二十餘國，以歲時來獻。」後漢書東夷傳亦有東鯷之記載：「會稽海外，有東鯷人，分爲二十餘國。」以地理方位度之，會稽海外之東鯷當卽臺灣，另在前漢書地理志有：「樂浪海有倭人，分爲百餘國，以歲時來獻見。」之記載，將東鯷與倭國同時論及，故東鯷非指日本一帶諸島。

考漢代疆土遠及，於今之中南半島東北部，故對於大陸東部沿海島嶼，往還盛於前代，因此東鯷與閩粵一帶，來往益趨繁密，因有「歲時來獻」之記載。

乙　夷洲

基於兩漢臺灣與大陸之接觸日密，至三國時代，吳主孫權乃擬取入版圖。三國時臺灣被稱爲夷洲。（按夷洲之名，後漢書已見之。）三國志吳志云：「黃龍二年（西元二三〇年）正月，是月吳主孫權遣將軍衞温諸葛直將甲士萬人浮海求夷洲及亶洲，……但得夷洲數千人還。」吳志卷十三云：「權欲遣偏師，取夷洲及珠崖。」吳志卷十五云：「初權將圍珠崖及夷洲。」比照觀之，當時亶洲卽爲珠崖，卽今之海南島，而夷洲當指臺灣。當時吳主雖未置夷洲於版圖之內，但大陸與臺灣之交通，自此乃更盛。

四　隋唐宋元之經營與建置

甲　流求

隋、唐、宋諸代史籍均稱臺灣爲流求，惟隋唐所稱流求，有謂係指今之琉球羣島者，中外學者意見紛歧，至今未得定論，但宋之流求，元之瑠求則確指臺灣，殆爲世所公認。

隋代大陸與臺灣往還，已不限於民間，煬帝大業三年（西元六〇七年）三月，曾有遣羽騎尉朱寬出使流求之舉，次年煬帝復令寬慰撫之。大業六年，武賁郎將陳稜，朝請大夫張鎭州擊流求破之，（均見隋書煬帝紀）海防考謂：「隋開皇中，嘗遣虎賁陳稜，略澎湖地。」據隋書流求國傳所載，該時流求已有相當社會組織，食衣武器大備，晒鹽釀酒，墾殖灌漑，惟無文子，酷好戰鬥。

唐代對澎湖亦有經營，中葉當西元九世紀初，施肩吾率族遷澎湖墾殖，肩吾汾水人，元和中擧進士，其所詠「題澎湖嶼」詩，世人稱爲臺灣最古之文獻。

唐代以後經五代而至宋，中原戰亂相尋，沿海人士，浮海來臺避難者日多，南宋時，元人滅金，金人有浮海來臺，擇其所居，耕鑿自贍，時臺灣尚多草萊未闢，空山無人（詳見郁永河裨海紀遊），宋時流求人曾有過海峽掠泉州之事，宋史：「淳熙間，國（指流求國）之酋豪，嘗率數百輩，猝至泉之水澳、圍頭等村。」

乙 瑠求

元史稱臺灣爲瑠求。

西元十三世紀末葉，元世祖入主中原，至元十八年（西元一二八一年）遣軍征日本，遇颶風而歸，其船隻有至澎湖及臺灣西岸者。至元二十八年世祖遣使持詔往瑠求，命海船副萬戶楊祥爲宣撫使，次年三月二十九日自汀路尾澳舟行，海洋中正東，望見有山長而低者，詳稱是瑠求國，至則未得要領，四月二日，還至澎湖。（詳見元史卷二百十）。成宗大德元年（西元一二九七年）二月改福建省爲福建平海等處行中書省，以泉州與瑠求相近，招取易得其情，乃徙治於泉州，是年九月福建省平章政事高興遣部將至瑠求，携瑠求人百三十餘口而返，次年正月復遣其歸國，使之効順。故有元一代，因臺灣本島與大陸相往還，故處於臺灣本島與大陸沿海中間之澎湖，爲往還之中站，遂益繁盛，元史稱之爲泉州外府，因此元代中頁，於澎湖設巡檢司，隸於福建同安縣，此爲我國建置及於臺灣之始。

五 明代之開發

甲　琉球　臺灣

明洪武五年（西元一三七二年），因今之琉球羣島，受封爲藩屬，而一向以流求、瑠求稱臺灣者，乃不得不另有稱謂，以資區別，因此明代初稱臺灣爲小琉球，而以大琉球稱今之琉球，至萬曆間始有臺灣之稱。

明初，洪武二十一年，曾廢澎湖巡檢司，徙澎湖居民，置漳泉間，蓋從信國公湯和之議也，以致澎湖爲海寇聚嘯之地，嘉靖四十二年（西元一五六三年）復設巡檢司，至萬歷二十年（西元一五九二年）又於澎湖設游兵，春多汛守。

永樂宣德間，當西元十五世紀初，太監王三保景弘舟下西洋，曾至臺灣本島，植薑岡山，汲水赤嵌，其遺留事跡，今猶盛傳。

萬歷年間，臺灣爲閩海澄人顏思齊所據，顏歿，鄭芝龍繼之，芝龍閩泉州人，對於臺灣之經營不遺餘力，舶徙閩饑民數萬人，使墾島荒，漸成聚邑。崇禎元年九月，芝龍應撫，任福建沿岸防禦提督。

斯時，歐人勢力東侵，荷西二國旋亦侵入臺灣，惟顏思齊之經營實早於荷人，而當時臺灣開發基礎，實由顏、鄭奠定之。荷蘭自天啓四年（西元一六二四年）至永曆十五年十二月（西元一六六二年二月），曾據臺灣以西海岸南部爲主要根據地；西班牙自天啓六年（西元一六二六年）至崇禎十四年（西元一六四一年）亦曾踞臺灣北部。西班牙爲荷人所逐，而荷蘭則爲鄭成功所驅。

乙　東都　東寧

晚明之際，清人入關，海內鼎沸，明延平郡王國姓成功（鄭森）以金厦爲根據，勤王抗清，永曆十四年北伐失利，十五年十二月初三日驅逐荷蘭，克復臺灣，改號臺灣爲東都，設承天府置永興萬年二縣，立法、設官、練軍、屯田、興學校、起池舘、撫育番民，而大陸居民來臺者衆，尤以漳、泉、潮、惠爲最。永曆十八年（西元一六六四年）鄭經（成功子）改東都爲東寧，陞天興萬年爲二州，斯時臺灣大治。至永曆三十七年，清軍來攻，鄭克塽（經子）遂降。

六、清代之建置

甲　臺灣府

清康熙二十二年（西元一六八三年）八月，清廷領有臺灣，次年四月，改承天府爲臺灣府，轄臺灣、鳳山、諸羅三縣（按：萬年州分爲臺灣、鳳山二縣。天興州改爲諸羅縣。）於澎湖仍設巡檢司，同隸屬於福建省臺灣廈門道。三縣所治的地區，爲沿海平地；山嶺地區，則統攝於番社之下。又於臺廈道下設臺灣總兵，分駐府城、南路、北路、安平、澎湖等處，臺灣已被視爲東南海疆重鎭。康熙繼明鄭開發之緒，編戶籍、訂賦稅、通商賈、興學校、開海禁、規模益備，而開發區域乃日趨擴展。康熙四十七年，泉人陳賴章與熟番約，墾於大佳臘之野，是爲開闢臺北之始，五十五年岸裏社土目阿穆墾拓貓霧捒，是爲經營臺中之始，雍正元年（西元一七二三年），增設彰化縣及淡水廳（廳治在今新竹）。五年，設澎湖廳。

乙　臺灣道

雍正五年二月，因臺灣政事日繁，遂將臺廈分治，設臺灣道專理臺灣，乾隆三十一年西元一七六六年）增設北路理番一員，駐彰化縣。五十一年，移駐鹿仔港，卽鹿港廳，是年移立。五十二年，諸羅縣易名嘉義。嘉慶元年（西元一七九六年），漳人吳沙墾蛤仔難，至者日衆。九年，彰化番民亦相率入蛤仔難墾荒。十五年設廳制，改稱噶瑪蘭。

咸豐間，埔里社已大部墾闢。同治末，日本藉口琉球民與生番衝突事件尋釁，清廷命福建船政大臣沈葆楨視師臺灣；事平，奏開番地，移駐巡撫，籌劃善後，設團練，建延平郡王鄭成功祠，又鑒於臺地榛莽日闢，民事日繁，屢增縣治而猶感不足，光緒元年（西元一八七五年）沈葆楨奏准增設臺北府，以固北路，又將同知移治卑南（臺東）以顧後山，至此，臺灣道乃轄二府，即臺灣府與臺北府，淡水廳改爲新竹縣，噶瑪蘭廳改爲宜蘭縣，增設恆春淡水兩縣，臺北府轄淡水、新竹、宜蘭三縣及基隆、卑南二廳；臺灣府轄臺灣、鳳山、彰化、嘉義、恆春五縣及鹿港、澎湖二廳；嗣於光緒十年增設埔里社廳，亦隸於臺北府。

光緒九年，以臺灣爲沿海七省之藩籬，形勢至爲重要，議劃全臺爲五路，酌配五軍，並辦水陸團練，次年清廷詔起劉銘傳加巡撫銜，督臺灣軍務，是年適法艦擾臺，圖侵入，銘傳擊敗之。十一年，將福建巡撫改爲臺灣巡撫，以銘傳任之，兼理學政，置布政司，銘傳銳意治臺，興工業，創鐵路、電報，頒保甲制度，改革屯政，從事撫墾。不僅海疆因此鞏固，且奠立臺灣現代化之初基。

丙　臺灣省

光緒十三年改臺灣爲行省，設臺灣府（在今之臺中），領臺灣、彰化、雲林、苗栗四縣，改前臺灣府爲臺南府，改臺灣縣爲安平縣，裁鹿港廳，將卑南廳由臺北府劃出，陞爲臺東直隸州，水尾迤北，改設花蓮港廳。十五年建省府於彰化橋仔圖，二十年復移府城於臺北府，增設南雅廳。至是臺灣省轄三府一直隸州。

臺北府轄淡水、新竹、宜蘭三縣，基隆、南雅二廳，臺灣府轄臺灣、雲林、苗栗、彰化四縣及埔里社廳；臺南府轄安平、嘉義、鳳山、恆春四縣及澎湖廳，臺東直隸州轄卑南，花蓮港二廳。是年朝鮮事變起，中日戰爭發生，臺灣戒嚴，以布政使唐景崧署巡撫。

七　臺灣民主國

光緒二十一年三月，清日馬關條約締成。該條約第二條爲割臺灣全島及附屬島嶼與澎湖列島與日，此舉使全臺震駭，力爭不可。乃於極端悲憤下，於五月初二日成立臺灣民主國，舉唐景崧爲大總統，邱逢甲爲副總統，建元永清，電告自主於清廷，言遙奉正朔，永作屏藩，其忠昚祖國之忱，實可感天地而泣鬼神，時唐守臺北，邱守臺中，劉永福守臺南，會日軍攻臺北，唐棄守去福州，臺北遂陷，臺民舉劉永福爲第二任大總統，抗爭益烈，會臺中亦陷，永福孤軍守臺南，抵禦達五閱月，終以餉盡援無，是年九月初四日，臺南亦陷，而臺灣民主國遂成歷史名詞。

八　臺灣之光復

光緒二十一年六月十七日，臺灣爲日本所侵據，設總督統治之，對臺灣行政區劃，迭加更易，由三縣一廳，增爲六縣二廳；旋復撤除所增三縣，仍改爲廳；次分全臺爲二十廳，再縮爲十二廳；繼而改爲州廳之制，分設五州二廳；後又增一廳，而終於爲五州三廳。

在日本侵據臺灣之五十一年中，臺灣省同胞奮起反抗，犧牲之慘，死事之烈，實足驚天地而泣鬼神，其規模較大之抗日運動，先後達百次之多，民國二十六年全面抗日戰爭爆發，經八年苦戰卒獲最後勝利，民國三十四年八月日本無條件投降，八月二十九日政府設臺灣行政長官公署，十月二十五日長官公署接受日本臺灣總督之降，臺灣遂重歸祖國。

九　光復後臺灣的行政區域

光復之初，政府爲便於接管和推行政令，暫將全省劃分爲八縣、九省轄市。嗣因各縣市面積人口財富相差懸殊，財政負擔尤欠均衡，而地方自治又在積極推進，故原劃定縣市有重新調整的必要。民國三十九年，遂重劃全省爲十六縣，五省轄市。其調整劃分情形，爲：（一）原臺北縣，分爲臺北、宜蘭二縣；(二)原新竹縣合原新竹市分爲桃園、新竹、苗栗三縣；(三)原臺中縣合原彰化市分爲彰化、臺中、南投三縣；(四)原臺南縣合原嘉義市分爲臺南、嘉義、雲林三縣；(五)原高雄縣合原屏東市分爲高雄、屏東二縣；(六)澎湖、花蓮、臺東，各爲一縣；(七)臺北、基隆、臺中、臺南、高雄，各爲省轄市。迄民國四十四年，全省計有四十二區，二三五鄉，七十七鎭，三，一一七村，三，四四五里，八四，九九〇鄰。

臺北縣，位本省最北部，轄境內農林工礦，均甚發達。製茶，亦爲本地域最特色的產業。陽明山，盛產柑桔。臺北盆地的中部，爲臺北市所在地，因自然地理環境賦予優越條件，致使臺北市蔚爲全省政治經濟文化的中心。

桃園、新竹、苗栗、臺中、彰化、雲林、嘉義、臺南、高雄諸縣及臺中、臺南、高雄諸市，均位於本島西部。前三縣地形上以丘陵爲多，平原面積較狹，有水的種稻，旱的種雜糧，山坡種茶、鳳梨和香茅之類。新竹沿海一帶，產石英砂，可製玻璃。苗栗等地，有油田。臺中以南諸縣市，所佔平原較多，稻米、甘蔗、鳳梨、香蕉、柑桔等與夫沿海鹽產、魚介均極庶饒。尤以嘉義、臺南一帶的嘉南平原，殆爲本省的農倉，故早期之政治經濟與文化，均以臺南爲重心。近三百年來臺灣的開拓，南部先於北部，山前（西部）先於山後（東部）。現中南部溪流之鉒、鋯、鈦，正在着手選礦試驗，以供原子能之研究。

宜蘭縣，以宜蘭平原爲中心，環山臨海，資源以農林漁產爲主。

花蓮與臺東同爲東部二大縣，均爲多山之縣，轄境面積雖大而人口則少。林漁畜產均富。花蓮縣，饒有白雲石鑛，爲鋼爐耐火材料。

南投縣，爲本省唯一無海岸的縣份，境內多山，人口少而資源亦不豐，惟竹林甚茂。

屏東縣，爲本省最南之縣份，境內的經濟中心，爲屏東平原，農產甚豐。

澎湖縣屬，均爲島嶼，面積與人口均爲最小。居民以漁撈爲生，農產不足自給，多仰給於臺灣。澎湖羣島，多季風甚强，不能造林防風。農民多建築圍墻，栽種甘藷、落花生、小米之類。澎湖爲臺灣本島的屏障，臺灣本省的門戶，亦卽爲本省的軍略要地。

（本文，照民國四十年中華民國年鑑略加補充。）

第二章　物質生活

第一節　服　飾

臺灣的氣候，熱的時間比較長，大致立夏以後，天氣就很炎熱，直到中秋節後才漸涼爽。冬季，高山偶有積雪，平地絕少冰霜。因此，衣著較爲簡單，往往只須一件單薄棉衣，即可過多。遇到寒流侵襲，加上一襲毛衣，也就可以禦寒了。

過去一般衣料，多從內地輸入，如絲織品大多來自江浙等省，布匹來自閩南，羽毛呢絨則從粵東一帶轉販而來。

沿海地區，海風較强，居民沒有戴帽習慣，多以青布裹頭。澎湖舊俗，男子喜著色繭衫褲，遇親友喜慶，才穿鞋襪，平日都是赤足。一般漁人常用柿汁染衣，成暗紅色。女子性儉樸，出門時多用烏布裹束上衣。但富有人家女子也穿裙的。因爲澎湖地方貧瘠，佃漁以外，別無生產，所以一般民風都很簡樸。男女服裝均爲素布之屬，只有城市附近的人，偶然也有穿著絲織品的。

閩粵人的遷來臺灣，大多由於生活所迫，所以初來的時候，都能刻苦自勵。後來工商業漸漸發達，民間生活富裕了，無論貧富，多穿著絲綢，幾乎習爲常事。

服裝式樣，隨時變換，從前，男子短衣，長必過膝，袖寬四、五寸。淸同治後，衣漸短而袖漸寬，甚有寬至一尺二寸大的袖口。俗以紅色爲吉祥，婦女每逢喜慶，無分老幼，均著紅裙，男女成婚時，先卜吉日，延請福命婦人，以白布製衣褲，叫做上頭服。婚後收藏，死後就以此衣爲殮。移徙臺地的漳泉婦女，染有纏足之風，且以纖小爲美，綉製弓鞋，極爲工緻。粵女却無此種風尚，終日跣足，耕田力役，無異男子，平時多著靑黑色布衣。中年婦女，多穿寬袖大褂，靑色布褲。髮式、服飾、都很守舊，不尙時髦。婦女們這些守舊的打扮，就是大陸固有文化的傳統。歷久保持這一傳統，以表示其「國家愛」，不忘本。閩籍老年婦女的髮式服式，細揣起來，亦有同樣的意味。

日本據臺，達半世紀，日籍居民約在十萬人以上，分布全省各地，臺人和他們相處旣久，日常生活習慣，不免稍受影響，例如日人習用的便衣和木屐，因爲穿著簡便，所以臺人也多習用，至如西裝革履，亦漸由城市流行到鄉村。但是婦女的競尙旗袍，光復後尤甚。鄉間男女多著短衣短裙，意在便於操作。

婦女首飾，多用金銀製造，簪珥的式樣，隨時變異，富家則尙珠玉。纏足婦人或以金銀製環束於脚踝，旁繫小鈴，行時叮噹有聲，稱爲脚鐲。首飾中，尤其風尙金製項鍊，老少婦女，無不喜歡戴用。現城鄉間，六旬以下的婦女，已少見有纏足的了。

鬢髻式樣，城鄉不同，老少亦異。少女及笄，才行梳頭，髮式或像盤蛇，或形墜馬，或如粵婦的高髮燕尾式。民國十五年以後，一般婦女，才漸流行剪髮，現在更趨時髦了。

第二節　飲　食

臺灣物產豐饒，禾稻每年兩次收成。居民日食三餐，都是米飯，又有米粉條，米粉粿等，亦爲米製，日常也多用作點心佐食。一般農家，在播種及收穫的農忙時節，僱用工人，照例還要日給五餐，殺雞治酒，供應特別豐盛。

通常有種糯性的稻，叫做秫，味甘性潤，可以釀酒，也可以製糕或丸，每逢歲時慶祝，必食米丸之類，以取團圓之意。尙有米臍糕，爲粵籍客家所特嗜的食物。一年節令之中端節食粽，重九食粢，多至食包，新年食糕，都是糯米製成。

除此而外，還有一種地瓜，也是臺省部分居民的主要食糧。沙坡瘠地，都可種植，價格很賤。鄉村農戶及貧苦人家，多用以滲雜米中煮食。南部居民，素稱儉樸，雖是富戶，亦常食用。番薯產於初夏，切成細絲，晒成薯纖貯藏，以爲不時之需。澎湖居民種植最多，幾乎終年都以這種薯纖滲和米粥煮食。

臺省不產小麥，麵粉多由外省輸入，近年且多購用美麥，餅類食品，多係麵粉製成。歲時禮慶，常用麵粉製成紅龜，以爲吉兆；白色饅頭，則多用於喪祭；各色糕餅，大多以豆、芝蔴或落花生仁磨成粉末，拌和爲餡。

魚肉蔬菜的生產供應，和內地情形大致相同。家畜繁殖頗速，平時多食豬肉。歲時節慶，多用鷄鴨。牛羊無多，吃的人較少。沿海多魚蝦，近山多獐鹿。如魚翅、鵝蛋、鴿蛋都算是土產的珍饌了。臺人日常飲食簡樸，但遇歲時歡宴賓客，酒席却很豐盛。

四季中，市場供應蔬菜種類，大致如下：

（甲）　春季

豆腐、豆干、豆芽菜、甘藍菜、芹菜、白菜、豌豆、蠶豆、葱、蒜、韮、筍、蘿蔔、芋乳、空心菜、菠菜、紅黃菜、香菜、刺瓜、各種醬菜。

(乙) 夏季

豆腐、豆干、豆芽菜、茄子、番茄、多瓜、刺瓜、南瓜、空心菜、葱、韮花、筍、匏、蘿蔔、落花生。

(丙) 秋季

豆腐、豆干、茄子、番茄、豆芽菜、芋、芹菜、蘿蔔、葱、脚白筍、土白菜、空心菜、落花生、刺瓜、豌豆苗。

(丁) 多季

豆腐、豆干、葱、蒜、韮、芥菜、油菜、大白菜、包心菜、甘藍菜、豌豆、芹菜、芋、菠菜、紅黃菜、香菜、蘿蔔、落花生。

臺人烹調，常用砂糖，大體的說，食物調味，還算清淡。日據時期，日人嗜食生魚片及豆瓣醬湯，習慣相染，臺人亦頗嗜好。

鮮果四時都有，以柑桔、香蕉、鳳梨、西瓜、甘蔗、芒果、木瓜等產量最豐，文旦、龍眼、荔枝等次之。中南部盛產檳榔，幹直而聳，高二、三丈，葉大如鳳尾，秋初果熟的時候，把它剖開，用蠣灰拌和，荖葉包裹，咀嚼食之，以爲有健胃强齒之效。吃檳榔的人，以中南部爲多，北部較少。此物多食，可以成癖。男女議婚，常用以送禮。

臺產茶葉，有紅綠之分，幾經改良焙製，品質尚佳，近年來且常傾銷國外。全省以地理關係，氣候酷熱，市上供應消暑飲料，種類繁多，如冰淇淋、汽水、青草藥茶、地骨露、愛玉冰等等，街頭巷尾，到處可見。

臺人亦多嗜酒，祀神宴客，多用酒。舊時，用朮釀造老酒，味甘而醇，愈陳愈佳。鄉村間也有利用地瓜造酒的，其味較淡。山胞則以黍釀造，嗜酒更甚，親朋相聚，盡醉爲歡。日據時期，嚴禁私自釀酒。光復以來，臺省烟酒規定由政府統籌專賣，出品有清酒、紅酒、啤酒、烏梅酒及紹興酒等。

我國民間食品，有所謂「補冬」者，其性多溫，最宜冬令。冬令進補這一習慣，幾乎各省都有。臺省一如內地，有「食補」的習俗，就是立冬的一天，煮糯米飯，雜以黑棗、龍眼肉、酒肉等共食；有些人家，吃糯米桂圓粥；凡此，亦稱補多。也有為了助長成年男女的發育，用中藥品如「八珍」、「十全」等類，和鷄鴨肉合炖而食，這也叫做「食補」。

第三節　居處

臺省建造房屋，大多仿照漳泉一帶的式樣。城市多為瓦屋，用磚砌墻，大家比鄰而居，日據以前，樓房很少。因為常有地震，所以棟樑榱桷，力求堅密，可以歷久不致損壞。自從鋼骨水泥的建築工程流行以後，營造事業，也就漸趨現代化了。

富有人家，住宅四周多以磚墻圍繞，入門為庭，升階為室。屋內構造，大都是一廳四房，中間為廳堂，兩邊為正房，大廳廣約一丈八尺，除了祀神祭祖之用外，並可用作慶賀宴客，通常左房為長輩所居，僕婢居於右廂。

臺省居民，和內地一樣有崇尚家族主義的傳統。一家的人，父母兄弟子孫以至曾孫元孫，常有數世同堂，合居一處的事。大厦相連，彼此可以旁通曲達。這種大家族制度，是以「孝」為人倫道德的中心，父母存在，固然必須盡孝；父母死後，就要祭祀；因此，家家戶戶莫不崇拜祖先。除了祖先而外，又有崇拜各種的神，如財神、竈神、門神等等，這些神明，都要給他們一個相當的神龕或神位供奉起來。此外也有崇拜關羽、觀音、媽祖的，往往也特設龕位，晨夕用香燭供奉。卽使貧苦人家，居室雖然狹小，但堂屋的中央上方，也得留出一席地，安一方桌作爲神的坐位。至於富有人家的居室，供神的陳設，就像廟宇裏的神龕了。

一般舊式房屋，屋脊上面，常立木偶，作騎馬彎刀狀，據說是蚩尤像，可作壓勝之用。又於街道巷口，常有短石旁立，刻「石敢當」三字，據說有此碑石，可以辟邪。古舊建築大都如此，近來多尚西式，也有中西參半的。

說到建築技術，過去本很粗率，不及內地的精細，故遇巨大工程，如修建廟宇，興造巨宅，多從祖籍延聘良工，俗稱唐山司傅，本省匠工，只是充當助手而已。臺省雖產木材，而架屋所需的杉木，却多來自福建上游，舊日所用磚瓦，則多來自漳泉一帶。

舊式建築，大多地上舖磚，或塗水泥，門小窗少，光線陰黯，空氣不通，至爲潮濕，這是衞生上的最大缺點。

再說室內陳設，幾乎千篇一律，客廳掛神像或書畫，靠墻安置長方桌，又稱帖案。或在案的正中上方懸彩畫大鏡，案上左右擺列花瓶果盤，或佛龕神像，祖先靈位，燭臺香爐等件。帖案前置方形大桌，俗稱八仙桌；前面垂掛刺綉桌布，俗稱桌裙；桌上置小方几，配放小香爐或小花瓶等；桌的兩旁，就排列方形靠背椅或圓凳。

客廳兩旁的房間爲臥室，床前橫一踏脚的長方凳，長與床齊，俗稱脚椅，作爲脫履登床之用。臥床和內地無異；但豪奢人家的床，都很精緻，三面圍屏，彫刻人物、山水、花鳥。床的正面，一如客廳，置長方形帖案。案上陳設，大致和客廳略同，只是沒有神像或祖先的供奉。

鄉村的房屋，大多架竹編茅，範土爲坯，俗稱土角，把它堆疊，就成爲墻；四周圍以竹籬，飼養鷄豚。舊日墾地的人，大都相聚而居，外築土墻，以禦蓄人，故稱爲「堡」。最簡陋的房屋，有田寮、土角墻、稻草頂，一遇大風，就要傾塌。田寮是耕地的附屬建築，係由舊日田主搭建，以供佃戶居住，又稱佃寮。近年農民生活改善，農村繁榮，瓦屋漸多，富裕人家，水電俱備，和都市生活漸趨接近。

最簡單的房屋，是三間橫排的建築，俗稱三間起，中爲正廳，左爲大房，右爲二房。三間夠居住時，就在兩旁增建各一間，稱爲五間起。這樣再加延展，增建廂房，俗稱護龍，和正屋構成冂形，中留空地，俗稱爲埕，日常作曝晒農作物的用處。室內佈置，多極簡樸。

廚房，俗稱竈脚，位在大房下的護龍。竈神，爲闔家所敬重，必用紅紙書「司命竈君」字樣，貼於烟筒邊的墻上，以祭祀之。

關於農村聚落的情形，南北各地略有不同，大致以濁水溪爲界，北部爲散居型，南部爲聚居型，但北部鹿港員林等地，又爲散聚兩型的混合。這種情形，在南北縱貫鐵路中，可以看得很清楚。北部散居型的農村，房屋周圍多繞以竹叢，屋前多曠地，栽種常靑小樹或觀音竹。南部聚居型的農村，數十住屋紛雜的成一集團，屋型較北部爲小。

南北農村聚散居處情形之不同，或因自然影響、家族制度以及土地制度之所致，或因土著族與移民間爭鬪所得的結果。按南部氣候，晴雨季節分明，不能隨時隨地而得水，必須共同經營設備，以供需要。而北部得水較便，利於散居。這又是基於生活上的必需，而形成聚散居處原因之一。

當荷人佔據時代，南部曾有王田制度的實施。鄭成功創業時代，又曾實行官田及營盤田制度，也可能因此形成了聚落。至於北部如桃園地方，早時墾荒組織，係由富有資力的大租戶領放廣大土地，分與小租戶，再轉與佃戶墾耕，分別搭建佃寮。可能這是現下散居狀態的起源。因大戶資力雄厚，關於治安的維持，亦有相當設備，故其墾耕似無須有如南部聚居的必要。又南部開墾較早，移民多同姓家族，自然也是聚居原因之一。

臺灣各地房屋，大致相同，惟澎湖情形略異。屋頂原以苫茅覆蓋，如今全用瓦片。建造房屋，多在山凹水隈的地方。牆壁多用古老的石塊砌成。這種石塊，是海中滷質所結，取出時頗爲鬆脆，經過風吹雨打之後，去盡鹹味，就變堅實。因爲海風猛烈，一般房屋，高不過一丈一、二尺，門戶狹小，所用木料，都很堅實，並且必須是有井的地方，才可以建造房屋。書塾多設祖祠或廟宇內，較精雅的房舍，却很少見。

日據時期，臺省各地，公共建設，頗多進展，機關學校的建築，全照洋式興造，因此都市地區，高樓櫛比，市容漸改舊觀。

目前各地住宅，有的依照日式，舖厚蓆於地板上，這種厚蓆，俗稱榻榻米。室內用紙門分隔，可以自由開關。衣櫃因連牆壁，入室必先脫鞋，寢食應接，全在榻榻米上，坐以布墊，不用椅凳。室內陳設，極爲簡單。近年寢食方式，多已改變日人習俗。稽考這種住屋，原是吾國唐代建築的形式，約於千餘年前，由吾國流傳日本，日據臺省，又將這種屋式傳入本省了。

關於臺省衣、食、住各方面的狀況，既已分節說明如上，這裏再就觀感所及，概括的補述幾句：

臺省人民，經日據五十年來的統制，一般生活，都很艱難，佔全省人數最多的鄉村農民，自然更爲困苦。一切衣食住的物質生活，無疑都要受當時侵略政府的嚴密管制和壓迫。直到抗戰勝利，臺省重入祖國懷抱，民困才漸蘇解。我政府遷臺，首先爲謀廣大農民生活的改善，遵奉　國父遺教，積極推行三七五減租、公地放領，實施耕者有其田政策。不數年，此項土地改革，即告完成。農民收益增加，生產情緒提高，因而大多數人民基本的物質生活，不斷有所改進。根據最近年來調查所得，一般鄉村農戶，大多均能添製新衣，尤以婦女兒童的穿着表現，最爲顯著。舊日以甘藷爲主食者，如今多食白米。前此居住茅屋草舍，以蔽風雨者，今則改建磚墻瓦屋。不過，一般農戶對於飲食居處的環境衛生，如飲水的供應，污水的排除，垃圾水肥的處理，以及空氣、光線、潮濕的流通適應，均以傳統積習過深，還有待於農民知識水準之提高與衛生常識之普及，始能逐步改進。他如晒場的擴充，農具、自行車、縫級機以及收音機等現代生活娛樂用品的添置，幾乎到處可見。甚且婚禮喜慶，使用花轎汽車，也是很尋常的事。此外，關於鹽民、漁民生活，近年亦頗有所改善，茲不細述。

第四節　民間工藝

1. 臺灣工藝的源流與分類

民間工藝，常代表着一個民族最具體、最普及的文化傳統，足以反映基本生活方式與風土特徵。中國工藝，發達很早，我們從周禮考工記，可以知道其大體規模與分類；從禹貢可以知道各地文物的豐富；更從各地發掘出來的古代文物，充分證明吾國工藝，在二千年前已經到達極高的技術水準與完備程度。其時間上的發展既悠長，其區域性的發展亦甚普遍。

臺灣，從前是福建省的一府，臺灣的工藝，是中國民族工藝的一個環節，也是福建省工藝流派的一個環節。誠然，臺灣工藝，也有其地方特性與複雜的文化因素。第一、臺灣移民中除以閩南籍爲主流外，還有粵東客家移民，携來了他們的民風與工藝流派。第二、臺灣土著民族所保持的原始工藝技術，在長久與閩粵移民接觸後，也對漢族工藝發生一些影響。第三、臺灣的土產原料與福建內地不盡相同，由於就地取材，因材施藝，也構成臺灣工藝的特殊發展。第四、臺灣曾經過數次的異族統治，由荷蘭人留下了西歐文化的殘跡，由日人留下了日本文化的殘跡。第五、臺灣孤懸海上，屢以內地變亂，常爲沿海各省人民避難流寓之地，因而也吸收了沿海各省風俗與民物的播化。

臺灣土著族工藝，另篇論述。本節所敍，僅屬漢族工藝的範圍。玆先就工藝品方面分析其用途。大體言之，可分爲兩大類：

(一)實用工藝　包括木器、竹器籐器、紡織、編蓆、陶器、鐵工、造紙、製皮等。

(二)裝飾工藝　包括木彫刻、石彫刻、漆器、骨角與珊瑚工藝、刺繡、抽紗、鈎針線織、文石器、金銀首飾等。

日用工藝品，有粗製與精製二類。每一種精製器物上，可加裝飾工夫，成爲裝飾的器物，如木器的傢具：桌、几、床、櫈，都可加以彫刻；藤竹器與編蓆，常加染色編條的花紋，或再加上各色彩漆；陶器上則加彩繪。

裝飾工藝品，也可以分爲純裝飾品，如木彫人偶像、骨角玩具、繡屏等 附加的裝飾工藝，如建築物上的木彫與石刻、衣服上的刺繡、容器上的加漆飾或繪畫等。

2. 實用工藝

實用工藝，乃民間日常生活必需器物的製造技術，與民間生活文化水準息息相關。茲就工藝原料之種類，分述如下：

(一)木工　臺灣盛產木材，無論家屋建築與傢具容器，皆以木材爲最主要的原料。木工之製成物與工藝成品，種類如下：

(1)建築木工——家屋建築，爲閩南式一字形與冂字形平屋，其棟樑、椽柱及門窗，皆用木材。門窗楹柱，且常加以漆飾及彫刻。彫刻的精粗程度，與其主人的財富成正比例。

(2)傢具木工——臺灣民間住家內的傢具，與大陸南方各省大體相同，有几、桌、椅、櫈、床、坑几等，皆以木製爲主。木器，普通皆施以漆飾，且常在木器上，加以簡單的彫刻，尤以几與床，常附加透花彫刻。

(3)容器木工——有木盤、木水桶、木枡、木箱、木盒。

(4)工具木工——有木杖、木柄、木犂架等。

(5)車船木工——臺灣只有牛車，老式車輪有兩種：一是獨木車軸，二是三幅車軸。此種車輪內地已不復見，當爲低溼沼地專用的老式車軸。現已改用多輻車輪，在東部、南部一帶偶爾還能看到棄置的舊式車輪。車輓與車轅，與內地牛車同。

內河小舟無舵，無舷，以篙與槳伐渡，當爲舠之遺制。出海大船，與閩粵同。

(二)竹工　臺灣產竹，幾數十種，有桂竹、蔴竹、莿竹、孟宗竹、觀音竹等。以竹爲原料製造之器物較木材尤多，且能普及於貧苦民間。其用途與器物種類如下：

(1)建築材料——民間簡單房屋或倉庫畜舍，可全部以竹材搭成，以竹幹劈開爲兩半，去內節，上下交錯拼排，可以築垣，可以蓋頂。粗竹，則可以用作樑柱。普通鄉間茅屋，以竹片編壁後塗以泥土，以茅草蓋頂。

(2)舟筏竹具——以廂竹幹去青，編爲竹筏，以刺竹幹爲橫鼻，用籐皮縛札，連成一片。內河竹筏，爲平直式。出海竹筏，兩端加火工壓曲使成弓形，入水時兩端翹起如船狀。竹筏編排，用單數竹幹，自九根到十三根不等，中央一根用最粗最重的，以取重心。海上竹筏，有桅桿，也用粗竹幹爲材料。內河竹筏，用竹篙趁行。海上竹筏，則用木槳與篙。海上竹筏能張帆，帆布上縛以緯竿十餘根，緯竿可以刺爲材料。普通舟船用的篙、帆緯竿，都以刺竹爲材料。

(3)竹製傢具——竹製傢具，在臺灣鄉間民家，比木器更爲普遍，蓋因價廉而輕巧。其製成器具，有竹床、竹桌、竹橱、竹椅、竹櫈、花盆架等。又有粗工器具與精工器具兩類：粗工器具，單以竹爲原料，以竹幹爲架，竹篾編爲床板和桌椅面及橱壁；精製器具，則配用籐皮與木板，以籐皮纏編爲邊沿裝飾，以木板爲桌椅面。形式隨時改變，以趨時尚。

(4)竹幹製器具——只用竹幹和竹節製爲容器的，有竹鹽筒、竹筷筒、竹盒和竹火藥筒。可以用上節爲蓋，蓋與筒的套口，可以內外套合。單用竹管去其內節，可以作吹火管。用孟宗竹可以製簫、笛、笙等管樂器。用箭竹竿可以製箭，製釣竿。

(5)竹篾編器——有硬編器及軟編器兩種。硬編器，多作搬運用的容器，以竹片、竹篾爲支架，以篾條編壁。其製成器物，有籮、筐、籃、簍、畚、篩、箕、籠、簝、笠等；軟編器，無支架，以竹皮或薄竹篾編成。其製成器物，有圓箕、旅行箱、提籃等。編紋，普通可分爲底、壁、邊三部，自底中心起編，然後到器壁，最後收邊。

(三)籐工　臺灣中南部山地盛產黃籐，因此土著諸族用籐黃、籐皮編製的器物甚多，且極工巧。平地人利用山地運出的籐材，製造籐椅，籐箱。唯籐工遠不及竹工，且其工藝技術的發展，只是光復以後的事。其主要的製造如下：

(1)籐家具——仍以籐椅爲主。普通籐椅，是以籐竹幹爲骨架，以藤皮編底及靠背。現在有專用籐莖爲主要材料，輔以竹爲支架，利用籐的美觀與堅牢。餘可作几、桌、櫥、箱等傢具。

(2)籐編器——山地人多以籐編製容器、搬運器、漁具。但在平地則不甚發達，所製的只有籐箱、籐籃、籐花架之類。這大概是由於竹木器、陶器發達之故。

㈣陶瓷工藝　土著諸族中，除北部的泰雅、賽夏兩族不知陶器製作外，其他各族從前多有陶器製作或使用的事實。在東部的阿美族與蘭嶼的雅美族，尤爲發達。但平地人之陶瓷工藝，則由內地傳播而來，與山地的陶器爲不同的系統。連雅堂謂，鄭成功時，參軍陳永華始教民燒瓦。其時，製陶之工，尚未大興。由此可知臺灣陶瓷工藝，自大陸傳到臺灣，爲時很晚。現在臺灣陶業，可分爲三種：

⑴磚瓦業——臺灣磚瓦，以粘土燒成爲褚紅色，與閩南磚瓦相同。從前以鶯歌、南投、嘉義等處之磚瓦窰爲最有名。後而逐漸推廣，現在幾乎各縣都有。本省閩南、粵東移民之祠廟與家屋，日據時期，多能始終保持中國傳統格式，這是磚瓦業發達的緣故。磚有方磚、長磚兩種，前者用以舖地，後者用以砌牆。瓦有平瓦、筒瓦兩種，初用於寺廟，後及於普通房屋。還有上坳的琉璃磚瓦，則多用於祠堂寺廟的建築。

⑵陶器——臺灣陶器，有紅陶與白陶二類：紅陶，多以製缸、甕、罐、盆、瓶等粗器，以粘土爲坯，表面加以深色軟坳；白陶，則製杯、盤、碗、壺、花瓶等細器，表面加淺色軟坳，深色花飾。

⑶瓷器——臺灣本來沒有瓷器，從前民間使用的瓷器，都是江西景德鎭瓷器。彰化的王陵瓷與臺南的三玉瓷，實爲白陶的改良者，僅製瓶罍及小型玩具。近年北投陶瓷廠，製造少數瓷器，也是白陶的改良品，或用輸入原料製成。惟厚體器物，如浴盆、洗濯器、衞生器具、電隔離器等製造，已大有可觀。但這些，不能視爲民間工藝，只可說是以近代工業方法改良後的工藝品。

（五）蓆帽編製　此類編製，可分爲大甲蓆、鹽草蓆、草帽、斗笠等五種：

⑴大甲蓆——實用工藝品中占首位的大甲蓆帽編製，爲臺灣典型的地方工藝。這種蓆帽的編製，是以大甲藺草，撕成細條爲材料。據顏水龍氏的考證，這種工藝，始自清雍正年間大甲附近歸化番社、雙寮社。日南社番婦採藺草編蓆，後來漢人從之習得此種手藝；藺草亦經栽培改良推廣，編蓆也有不斷改良。其主要產地，在大甲、淸水、並及於附近鄉村。製成品，除大甲牀蓆以外，還有椅墊、提包等。

⑵鹽草蓆——鹽草，亦名七島藺，臺灣西部沼澤地區到處皆有，臺南產量最多。草質較軟，色黃；編織時用架織法，以痲線爲經，鹽草爲緯。織成的蓆，只能卷，不能

疊摺。除普通臥蓆地蓆外，還可製草袋，在農工業產品運銷上，用途極廣。

(3)草帽——臺灣草帽，與大甲蓆並稱，因其工藝手法相同；但其原料則還有林投草、棕葉、鳳梨葉、苧麻、檜木削片捻成的線，都可以製草帽。其中最具代表性的，就是大甲帽與林投帽。以大甲藺草與林投草為原料，粗帽用春草，細帽用秋草；其原料加工方法，與大甲蓆一樣，將草莖撕成細條，愈細者愈佳。

(4)棕櫚及其他植物纖維製品——除藺草蓆以外，尚有棕櫚、月桃草、檳榔等纖維，可用以編製蓆、墊、箱、提包、草鞋等。

(5)斗笠——臺灣地近熱帶，夏季陽光極强，故農民無論男女，戶外多戴斗笠。這是以竹篾編製而成的帽。

(六)紡織工藝　山地人原有以苧麻紡織麻布的工藝，其製成品，舊稱番布。但平地人沒有紡織，因臺灣從前既無蠶絲，又無棉花，其衣着所需，都自外省購來。清咸豐間，江南大亂，有蔡某者，本為南京織造廠技工，避難來臺，在臺南之上橫街，織造綢緞紡羅，號稱雲錦，其絲取自江浙。同治間，始有參將凌定國自廣東配蠶種提倡養蠶。後來，蔡氏子孫遊惰，其業遂敗。

棉紡織，清季曾由竹塹（卽新竹）一女尼素蓮率徒提倡織布，其後漸普及於民間。彰化縣和美鎭爲棉布有名產地，該地婦女，差不多人人能織，每家有手拉織機。

（七）皮革工藝　山地人民均嗜狩獵，其獲物以鹿、獐、山羊、山猪爲主。他們都能自製皮革，除自留爲皮服用具外，常用以與平地人交易，換取鐵器布疋之類。平地人只知以猪皮做皮箱，臺南的皮箱，製作堅牢，髹漆亦固，積水不濡，號稱臺箱，曾行銷外省。除皮箱外，尙有以皮革製鼓、製枕，僅供本省人自用。

3. 裝飾工藝

民間工藝中裝飾工藝，較實用工藝更爲突出而爲世人所注意。因爲裝飾工藝受地方原料的限制較小，而可以儘量發揮地方材料的特長。其施工的器物與應用的場所，多與宗敎中心與儀禮行爲有關；使用與欣賞者，多屬富裕社會中的特殊階級。比較新奇好玩的器物，尤足吸引遊客和外邦人士的注意。此等工藝的成品，有建築物的裝飾，精製器物，身體裝飾，玩賞物品等。其工藝門類，可分爲木彫刻、石彫刻、籐竹編器、刺繡、抽紗繡、金銀首飾、漆器、貝角器、蛇皮等工藝。玆分述如下：

(一)木彫刻　木彫刻工藝之技術，來自閩粵而以閩南爲主流。本省盛產堅細木材，其適於彫刻者，有檜、油松、茄苳、香桂、苦苓等。木彫工藝，在應用上可以分爲建築裝飾與精製器物二大類：

(1)建築彫飾——這種彫飾，在臺灣甚爲發達。其主要應用中心，是祠廟建築之裝飾。臺地寺廟，在建築規模上，遠不如內地各省。但有一優點，即多採精工主義。因爲從前本省各幫移民，總喜把祖籍的地方神遷來作爲守護神，建廟供奉，備極虔誠。而各幫移民居住地方，則互以建築工巧相競賽。神廟雖不大，但其主殿建築裝飾，多有奇技深巧的表現。如北港的媽祖廟、萬華的龍山寺，都是以建築裝飾和彫刻工藝聞名的。其主要彫飾，在殿堂內部的天花柱頭和神龕，以及殿堂屋頂的脊飾和挑角飾。其次，爲門窗裝飾。其彫刻技術，有浮彫、透彫、嵌沉等類別，而尤以透彫爲尚。其花紋，皆取自然寫實主義與象徵主義。除彫板邊沿及柱頭常採用圖案式的象徵花紋外，主要彫刻部分，則多彩自然主義。參照封神榜、西遊記等故事的畫像，刻畫出其中人馬鳥獸山石林泉，皆用透彫彫成，栩栩如生。門窗上的窗格部分，彫刻花鳥人物及神話故事，每頁一幅，宛如畫屏。其最用工力部分，爲神龕帳架之彫刻。其龍鳳紋，鏤刻精巧，得未曾有！

(2)木彫器具——此以傢具彫刻爲主。最精緻的木彫器，爲屏風，有板屏與扇屏兩種。全面施以浮彫或透彫，每扇彫爲一幅山水畫或故事人物畫。其次，几案、太師椅、木枕、帽架、花盆座、橱箱等器物，都喜施以浮彫或透彫。一件器物，常須施工月餘，價值數十金。

(二)漆器　福州漆器，爲全國之冠，其流風所播，自然影響到閩南，再到臺灣。惟因臺灣無漆，日據時期，常從越南購回漆種，在臺南、苗栗栽培，但推廣不多，產量有限，故本省漆器工藝並不發達。民國十五年，有日人山中葉，在臺中設工藝傳習所，以日本新式漆器工藝器具輸入，並延聘琉球漆工師傅來臺傳授，曾有優異出品。這雖是從日本琉球輸入的工藝，但日本琉球的漆器工藝，無疑是唐宋時代從中國學去的，故仍不失爲中國的傳統。漆器製成品，種類不多，有茶盤、碗蓋、菓盒、煙盒、花瓶、文具盤等。此等漆器，以輕巧爲尚，漆飾多用單色，或在深色上加金漆彩繪。

(三)石彫刻　石彫刻的用途，一爲建築物的裝飾，一爲墳墓裝飾。臺地寺廟，喜用石柱、石欄竿、石門礅，都是加以彫刻的。神殿庭柱及門柱，彫以盤龍，或龍鳳透彫。欄竿柱頭，彫以猴獅等吉獸。門礅，加彫石獅子。大殿內外楹柱，則彫懸楹聯。走廊牆壁，則嵌以石碣，並刻爲文。至於私人住宅或祠堂，也有採用珍貴石料作門墩柱脚而施以彫飾者。至於墳墓裝飾，普通有石供桌墓碑；達官巨室之墓園，則有墳亭、石柱、石翁仲、石獸等，亦以彫飾工巧，互相標榜。

(四)籐竹編器　此編器，除日常使用的器具外，還有一些精工裝飾器物，如花籃、花盆架、菓盤、花瓶套、燈座、提包等。其製作，或單用竹篾細條，或竹籐並用。竹篾籐心，染色後再用以編插爲花紋，或編製成器後再加油漆。此類器物的製造，以前並不發達，近來纔大加提倡與改良，以供應市場和外銷的需要。

(五)金銀細工　金銀加工首飾的佩戴，本爲中國內地固有的風尙。本省產金，一般閩粵來臺的移民，更有貯積金飾以誇示富有的習慣。因此金銀首飾細工，也很發達。其種類花式，大致與內地無大差異。一般工匠似亦早知以金銀箔製造花樹、盛盒以為禮品。此外，還有以銀製船筏、人物、水牛、禽鳥等物品，製作甚工，精巧玲瓏，作為富有家庭之室內裝飾，殊為別緻。

（六）通草工藝　本省北部中部山地產通草，通草莖去皮後有白色之髓，將它切成薄片，可製花飾。清道光間，泉州人陳談創製通草紙。其法先以銳刀剖去通草的皮，並為品質之揀選，裁為約六十八公分之直條，置於長一尺寬三寸的磚臺上，以左手施轉通草，右手持利剝刀，逐層剝削，剪成均勻之薄片，卽為通草紙。通草紙的主要用途，為製造裝飾假花，可以自由染色，也可用作繪畫紙、卡片紙。其壓縮紙，可作隔音紙。加工粗製，又可作帽襯紙或鞋底襯紙。現在，此種工藝廠，集中在新竹。惟製花工藝，則以臺南為盛。通草紙，製作較簡單；而紙花製造，較為不易。

（七）刺繡　臺灣府志云：「臺灣婦女，不事紡織而善刺繡。刺繡之巧，幾邁蘇杭。」從前，婦女喜在枕頭、鞋面、汗巾及袖口、裙幅上刺繡，其大幅者有牀帳、被面、神帳、桌裙、椅墊等。花式以花鳥、人物為主，與內地大致相同。

(八)角骨、珊瑚、貝殼等工藝　分述如下：

(1)角骨工藝——此種工藝，以水牛角、蹄、骨爲材料，製造煙盒、梳子、扣子等，淵源甚久，與內地各省無異。至民國十三年，纔由日人鼓勵加以改良，製爲花瓶、枱燈、小碟子、裁紙刀、煙斗、圖章、圖章盒之類小工藝品。有時加以浮彫，或刻爲水牛等動物形狀，琢磨精緻，光彩奪目，極爲市場所歡迎。

(2)珊瑚工藝——此種工藝，始於民國十三年。先在彭佳嶼發現珊瑚林，後來又在蘇澳及澎湖附近發現。珊瑚的製成品，有珠串、鈕扣、胸飾、帽徽、耳環、指環等器物，色澤有紅、粉紅、白色等；加以浮彫或透刻，極細巧之能事；有時，用黃金鑲嵌，甚爲美觀。

(3)貝殼工藝——本省周圍海岸，皆產貝類，有夜光貝、子安貝、海螺等，以此材料再加工整理，施以彫刻，卽成工藝品。其粗製品，以小貝染色加膠泥黏集爲花瓶、煙盒缸等。細製品，則以海螺透彫，製爲龍魚等形狀的牆燈罩、檯燈罩，或製爲室內檯案上裝飾玩賞品。

（九）文石工藝　澎湖及小琉球島產文石，文彩悅目，可以製圖章、帶扣、胸飾。惟產量極少，價值昂貴，無大發展之餘地。

（十）蛇皮工藝　臺省各地多蟒蛇，有捕蛇者專取其皮，售於皮革商，用以製小鼓、手杖、手提包、鞋面等器物，可與鱷魚皮比美。

（十一）檳扇工藝　臺南一帶取檳榔之檳壓平，加綠柄，製爲扇，然後以線香燃火，於扇面上炷字，花式頗爲別緻。

上述各類工藝以外，還有許多新興手工藝，如抽紗、車繡、挑花、打結毛線、塑膠製品等，都不是臺灣固有的工藝，其原料必須自外地輸入，不能獨立製成器物，故略而不述。

第三章　社會生活

第一節　生　育

中國社會傳統，是以家族爲核心。其家族制度，即建築在生子觀念之上。生子觀念，含有兩種意義：一爲生子養活，其目的在求自我的生存；換言之，就是生子防窮。一爲生子傳代，其目的在求家族的綿延；換言之，就是生子防絕。故「防窮」「防絕」，爲男女生子觀念發生的動機。這一觀念，是支配了幾千年來廣大民衆的生活。臺省習俗，沒有例外，也同此傳統觀念。大多男女，婚後求子心切，但沒有生育，就本其問神求子的迷信心理，向註生娘娘求子。註生娘娘，寺廟奉祀，謂爲司註生育之神，又稱婆姐。其塑像有數神體，各抱一嬰孩。婦女們到寺廟燒香求子，以衣帽獻之，口中默語，乞賜麟兒。幸而得子後，必以雞酒、油飯供神還願。而婦人於懷孕分娩期中，迷信尤多，有如下述：

(1)俗以爲孕婦房中，經常有胎神潛在，胎兒生命，受着胎神的支配。如搬移房內器物，或有打釘聲響，必驚動胎神，而影響胎兒，輕則腹痛，重則流產或難產。因此，從孕婦懷胎起至生產後百日以內，房內器物，不好隨意移動。這種迷信，妨礙孕婦室內之清潔衞生，反足以損害其健康。

(2)俗以牛馬胎期爲一年，秤一斤爲十六兩。如孕婦不愼，踏越牛繩或秤桿，則胎期將延長一年或十六個月。

(3)孕婦禁忌手觸棺木。否則，胎兒出生後將遭夭折。

(4)孕婦禁忌綑縛器物。否則，所產嬰兒將爲曲指。

(5)孕婦禁忌以剪刀剪物。否則，觸犯胎神，將產無耳嬰兒。

(6)孕婦禁忌以針或錐鑽物。否則，觸怒胎神，將產無目嬰兒。

(7)孕婦禁忌看傀儡戲。否則，將產軟骨嬰兒。

臺人重男輕女之風，亦如內地，故有變女胎爲男胎的巫術，稱爲「移花換斗」。其法，請女巫「尫姨」（亦稱紅姨）至孕婦房內，用連招花一盆置床前，尫姨對之唸咒作法，畫符燒金箔，祈求爲孕婦變胎。祈咒畢，將連招花移植於屋後，天天澆花，不令乾枯，妄以爲女胎可變成男胎。亦有用芙蓉花者，先持至寺廟，焚香祈禱後，栽於盆中，再携回家，復將盆中之花移植於天井，謂可變胎。此亦可說是婦女生育迷信中之一騙術。

產婦分娩後，胞衣多納罐中，置床下四個月，不得移動。謂移動則小兒吐乳，四個月後，棄水或土埋。蓋以爲聽任棄置爲動物所食，將不利於嬰兒。

產後安產後，一月不出戶，在室內保養，曰「做月內」。除近親婦女及丈夫外，忌外人闖進。「做月內」一個月間的副食，多係麻油、雞酒、豬肝之屬。

嬰兒出生後一兩日內，母乳未出，先喂以甘草水。

產後第三日，做三朝，請助產士（舊稱拾子婆）以桂花心、柑葉、龍眼葉及小石子一枚，煮湯爲嬰兒洗身，換新衣。是日，由祖母或母親抱嬰兒禮神拜祖。以油飯雞酒送外婆家，曰「報酒」。普通人家，產婦進全副雞肉，和以麻油酒，曰抵腹雞。意謂腹中產嬰，烹雞抵補以益其身。

產後十天內，請星相家占卜嬰兒終身命運，如出生時日不佳，則設法改換，於命書上記載改造之誕生時日。女嬰則多給他姓爲養女。臺省養女之風特盛，這也是一個原因。而養女之犧牲於此迷信者，殆不知多少！

產後滿一月或二十四日，做滿月，爲嬰兒剃胎髮。剃髮時，用雞卵鴨卵各一枚、石子一枚、錢十二個、葱少許煑湯，洗髮後剃之。雞卵鴨卵，以象徵嬰兒團團健美，而曰「鴨卵身，雞卵面」。石子，以象徵頭殼硬。錢，以象徵好運道。葱，以象徵頭髮濃厚。凡此，皆取讖於福壽。剃胎髮後，請隣婦抱兒到戶外，以趕雞竹棒叩地，唱祝詞，爲小兒祝福，謂之「雞筆」。是日，做油飯，備雞酒，敬神祀祖。外婆家爲外甥送衣帽鞋襪、首飾、紅桃（紅饅首）爲見面禮，謂之「送頭尾」。親友亦以衣、飾、雞爲賀。生子之家，以油飯雞酒答禮。收禮者又以容器盛米一把，黑豆數粒回之，以祝小孩健康。

有擇產後二十四日剃胎髮者，蓋取二十四孝之意，所期嬰兒將成一盡忠盡孝之子。

嬰兒四個月內，必以紅線繫結手足。否則，謂長大後必將爲非作歹。

嬰兒滿四個月，家人以牲醴、紅桃、酥餅供神祭祖，曰「做四月日」。外婆家又「送頭尾」，如做滿月。親友亦有送禮者，則以紅桃爲回禮。做四月日，亦曰「收涎」，謂嬰兒自此止口沫，身體越加發育壯健。

孩兒滿一歲，「做週歲」。做週歲，一曰度晬。以十二種物納竹篩中，使孩兒任意取之，以覘其天性而卜其命運。如取葱則爲聰明，取蒜則善計算，取文具則爲文士，此名之爲試兒。家人又以酒餜紅龜粿供神明祖先；外婆家送頭尾，一如前述。普通生女，亦做週歲，但較簡單。

上述關於生育迷信的舊習，多未破除，仍常見之於城鄉民間。這有關民俗改善的措施，尙待乎民政和教育上的努力。至於「做滿月」、「做週歲」，還富有人情味，其合情合理的，自亦未可厚非。

第二節　命　名

嬰孩出生後數日內，由父母爲之命名。大抵男性命名，喜剛强雄偉；女性命名，喜柔順美麗。命名的型式，可分爲：⑴假借命名，⑵五行命名，⑶時地命名，⑷記事命名，⑸批庇命名，⑹世代序名，⑺壓勝命名，⑻形態命名，⑼屬望命名等九類。有的涉於迷信，有的尙饒有風趣。玆分擧如下：

（一）假借命名　假借自然、鳥獸、花木之名，以比喻男女之美好標準。如男子以山、海、猛獸、馴畜、鐵、石爲名；女子以花、鳥、雲、樹、蛾、蝶爲名。

(二)五行命名　以兒女出生年月日時之干支八字，迗請星士推命。八字中所缺五行爲何？卽以其所缺者命名。如缺金者名金生，缺木者名茂松，缺水者名水生，缺火者名火炎。缺金與水者名之爲金水，缺火與土者名之曰火土。或選字旁有金木水火土之字以命名之。以爲如此就有五行靈動，補八字之不足。惟此種命名多用之於男性，女性則較少使用。

(三)時地命名　依出生之時節，春天生者，名春生；秋天生者，曰秋生；清明生者，曰清明；重九生者，曰重陽。因出生之地近山者曰山，近海者曰海，近河者曰河，近堤岸者曰岸。在某地出生者，以其地名取名等。

(四)記事命名　由出生當時父母所特別注意之事件爲小兒命名。如家中有人適自外旅行歸來，則命名曰乘風；如正値其長輩生日，則命名曰阿壽；正遇着重大事件，如臺灣光復，則命名曰光復等。

(五)批庇命名　因向神求子，或生子後祈求神的庇佑，則命名曰天迗、天來、天賜、天助、神保等名字，以求神佑。

(六)世代序名　由祖先早已選定世代序名，每一代男子應依同族世代預排之次序名字，或字爲名傍。如以「萬世流芳」作四代序名，一世代之同門男女皆帶其一字排名，另一字爲專名。如爲一字單名，則帶同字傍，如金、木、水、火、土等，皆可作爲排名字傍。

(七)壓勝命名　用不好聽的醜名以爲壓勝。如豬、狗、醜、臭、山豬、狗屎、乞兒、戇兒、和尚等醜惡的名字，以求延壽。

(八)形態命名　就其身體或相貌上的特徵或缺陷而命名。如缺嘴、塌鼻、大頭、大目、闊嘴、六指等。

(九)屬望命名　男子，命名爲家駒、庭賢、國寶、樹德等；女子，命名爲麗正、淑貞、靜嫻等。此乃父母屬望其長成爲完善賢淑之子女。

以上命名類型，大致與內地相似。惟臺人特別喜用，2.3.5.三命名型。7.8.二型，在低級社會中亦屬常見。其他各型雖少見，但亦無偏好傾向。

臺人亦有改名之俗。如養子、養女、作童養媳（俗稱媳婦仔）者，都須由其養父母之改名。小兒亦有因多病，家運不順而改名者。至於幼小時用假借、形態、壓勝等型之乳名，至入學時，則另易學名，或向政府登記另換名字。此屬一般普通的現象。

第三節　成年禮

臺人崇信神明，認爲小兒長成，有賴乎神明的保護。尤常托庇於註生娘娘、七娘媽、媽祖、觀音、床母等神的護佑。故在週歲以後，遇上述神明生日拜拜時，由父母備香燭、牲酒、抱小兒到寺廟燒香，祈求特賜保佑。以紅絲繩一條，穿以錢幣或銀鎖，當神前掛於小兒頸上，以示受神之庇護者，是謂「揞絭」。此後每年循例敬神，必攜小孩前往燒香，並以新頸繩換下舊頸繩，稱爲（換絭）。各小兒之頸繩皆稱某某神絭，如「註生娘絭」、「七娘絭」「媽祖絭」等是。

兒童長至十六歲時，認其已達成人之年，可以自立。擇於是年七月七日護佑神生辰，由父母携兒到寺廟拜謝，爲之脫去頸繩，是曰「脫絭」。富有之家，則用紙紮「娘媽亭」，盛裝紙衣冠履，金銀錫箔，入夜，在廟前焚之，曰「燒亭」。這表示以重禮酬謝神明護佑之恩。

凡人之身體精神發育充足而臻至有完全行爲能力的年齡，劃此年齡爲人生之一階段而定一儀式以紀念之，在我中國，即爲冠禮與笄禮。男人，行冠禮；女人，行笄禮。冠、笄之禮，就是男女的生命過程中從幼小而達成人之年的禮節，謂爲成年的開始禮，亦無不可。此禮，男人以「冠」爲紀念的象徵，女人以「笄」爲紀念的象徵。古代男子二十而冠，就是認定男子年二十爲成人之年而行冠禮。又女子十有五年而笄，就是認定女子年十五爲成人之年，亦爲許嫁之年而行笄禮。女子年十五雖未嫁，亦笄。古冠笄之禮，後世久廢，但於嫁娶前行之。現民法規定，男女滿二十歲爲成年。臺俗，以十六歲爲成人之年，此純出於迷信的心理而成爲民俗上迷信行爲的習慣，實不足道。至於男冠女笄之禮，僅於婚嫁舊俗中略見其遺跡。男於結婚前數日，卜吉，延親友而行冠禮。擇親屬尊長中全福者爲新郎加冠，至期，新郎坐堂上，全福人爲之梳髮，改髮式，戴新帽。既冠，拜天公、祖先，次拜父母。父對新郎致誡辭。女於出嫁時，行笄禮，全福婆爲新婦用線捻拔面毛，稱爲「捻面」。又挽髮作結，插上笄釵，謂爲「上頭戴髻」。禮如前儀，母對新婦教以敬奉舅姑尊長之禮。現此禮俗，由於時代之推移，難免又有改變。久而久之，此一殘遺的成年禮，勢將成爲歷史上的陳跡。其後，還可能流行而見到的，仍是神廟裡信士信女携着成年子嗣行「脫絭」之禮。這是民俗改善方面之一尙待解決的問題。

第四節　婚　嫁

1. 婚　俗

男大當娶，女大當嫁。男婚女嫁，是人生之一件終身大事，是人類社會生活中最基本的普遍的事象。臺灣一般婚嫁，承襲傳統遺風，多由家庭爲子女選擇配偶。普通人民，守一夫一妻之制，亦有納妾之習。

臺俗，婚姻有大娶小娶之別。凡依古禮而行的，叫做大娶。循着特殊習慣而行的，叫做小娶。所謂小娶，卽行比較簡單婚禮之外，夫婿對女家還要擔負約定的義務。

中國古時婚禮，有六：一是納采，二是問名，三是納吉，四是納徵（納幣），五是請期六是親迎。這些古禮，推行很久。到了南宋，六禮併爲三禮：一是納采，二是納徵，三是親迎。清世，又併而爲二：一是納徵，二是親迎。現在一般民間所行的，就是：(1)議婚，(2)定婚，(3)送日子，(4)親迎。臺省人亦沿用之。玆分述如下：

(一)議婚　男女婚事，先由媒人謀合男女兩家同意，然後求庚卜吉。所謂求庚卜吉，就是由媒人送女生庚帖於男家，男家將女生庚帖放在祖先靈位卜吉。三日內，如果家裡平安無事，便將男生庚帖送給女家。女家接受之後，或則問卜於星相，或則即表同意。這，俗稱爲換八字，卽古禮問名的遺意。

(二)訂婚　婚議定了，男家備禮盤，以金飾、衣料、酒、肉、禮餅，由媒人送往女家，行納聘禮，女家設筵或以茶點款待。俗謂之「過定」或「送定」，亦曰「小聘」。送定之後，須另擇吉日，行完聘禮。完聘亦云大聘。完聘之日，男家由媒人携聘金以及鷄鴨禮餅等禮物，送給女家。女家設筵接待，並備禮餅、帽、鞋、衣料、針綉之類，回送男家。這就是古禮納吉納徵的遺意。禮餅，是送定完聘不可或缺的禮物。女家以所收的禮餅分贈親友，以示女兒已訂鴛盟。這叫做分餅。受贈的親友，須預備添粧禮品，致送女家，以爲粧奩之敬。男家亦分餅，但其範圍有限，僅及於至親的戚友。

(三)送日子　男家擇定婚期，用紅箋書男女生庚迎娶時日，製一「日子單」，由媒人持送女家，以迎娶日期徵求女家同意。這就是古禮請期的遺意。男家送日子時，並以禮香禮炮禮餅附送女家，女家復以禮餅分送親友。自送定完聘以至送日子，男家共送三次禮餅。禮餅，是婚禮中之一重要的禮物。

（四）結婚　結婚之前三日或當日，女家送妝奩什物給男家，這叫做迎嫁妝。新娘出閣之前，和父母兄弟姊妹圍桌共食，新娘且哭且食，表示依依不捨之情。俗傳，新娘用這一餐，出嫁後可免於饑餓。這一婚前惜別之宴，俗稱之爲「食姊妹桌」。同時，新郎偕同媒人至女家迎接，並以親友六人（或八人）當接親客，隨之而行。（現亦有由男家請媒人至女家迎接者）新娘卽拜祖先，叩別父母，新娘由兄弟背負上花轎，兄弟隨後護送。花轎後面，掛一米篩，朱畫八卦，俗以爲可除不祥。鼓吹前導，兄弟護送。又有靑竹一根，帶根梢枝葉，縛以豬肉一塊，由一人背着而行，以示新娘的貞操，並壓邪穢。又有「擔子孫桶者」，跟着花轎之後，這桶，稱爲腰桶，卽產兒盆，因備生育之用，故稱子孫桶，含有喜兆子孫蕃衍之意。

到了男家，花轎停於門外，一童子趨前端茶拜轎，旋而新郎出迎於轎前。於擇定吉時，將花轎舁入門內，新郎拿着摺扇在花轎上敲三下，接着舉足踢轎門三脚（俗謂，新郎這些舉動，是向新娘顯威風，日後對妻室便易於駕御。）然後打開轎門，新郎之弟向新娘奉進紅柑二枚，請新娘下轎。於是，全福老孃扶新娘下轎，又將花轎後之米篩高擧，引新娘自下面走過，曰過米篩。（新娘乘坐汽車者，行至男家，下車時，全福老孃撑着雨傘，遮掩新娘走進禮堂。）新娘進禮堂，和新郎同拜天地祖先，而後行交拜禮。交拜訖，入洞房，新夫婦並坐案前，燃花燭，食「酒婚桌」，卽古合巹之禮。翌晨，新娘拜祖先及舅姑，卽古廟見及見舅姑之禮。是日，新娘入廚房，試理廚事。三日，始洗衣服。過三日後，新郎和新娘同至女家「做客」，俗謂「轉外家」，亦謂「回門」。

婚禮，是男女婚嫁行爲的規則。自議婚、訂婚、送日子、以至結婚，是完成婚姻必要的程序。結婚之擧行儀式，固然是婚禮的一種程序，也是法律所規定的手續。就議婚來說，憑媒說親，是議婚的本質，因爲媒人是介乎男女双方之間而爲謀合介紹的，卽現在之所謂介紹人。亦有由於男女双方之直接認識而自由結合的，在結婚時必須有一名義上的媒人，亦卽介紹人。議婚中之求庚卜吉，純囿於迷信，實屬無謂。就訂婚來說，男女之結合，多經乎訂婚。訂婚，是經男女双方同意而成立的一種婚姻之預約，其目的在結婚。訂婚中之納聘，流於浪費，已成弊俗。就結婚來說，結婚，是人生之終身大事，其功能在立家傳種。所以，男女締婚，必隆其儀式。今俗，結婚有舊式結婚，新式結婚。新式結婚，如：文明結婚，集團結婚，公證結婚，教堂結婚，旅行結婚等是。舊式結婚方式，多行之於僻鄉農村。時下流行的結婚儀式，就是一般所謂文明結婚。大多人家，仍狃於舊習，浪費難免。公證結婚，其手續既簡單，其儀式又隆重，而更合乎節約的要求。近年這種結婚方式，推行漸廣。

2. 婚姻之特殊習慣

社會生活中有的受了經濟條件的支配，子嗣觀念的影響，和財產繼承權的作用，而發生種種婚姻的特殊習慣。這些習慣，在內地各省多所習見。而在臺省，亦有乘孝婚娶、冥婚、招贅、童養媳等習俗。

(一)乘孝婚娶　這是男女於訂婚後值男家直系尊親喪故，乃於百日內舉行婚禮。俗稱乘孝娶，一稱順孝娶。就常理說，居喪期中辦理喜事，本屬不大近乎情理，而臺俗以死者多得一人送葬爲福，且父母喪期較長，如待服滿成婚，難免双方延誤，乃有採此變通辦法，於新喪不久，簡樸成禮，既合乎經濟條件，又爲傳統習慣所許可。

(二)活人冥婚　男女双方曾經訂婚，而女不幸身死，男方爲欲補償未了的姻緣，徵得女方家長同意後，則以冥婚行之。冥婚，臺俗稱爲娶神主。神主，即指亡人靈位。又俗稱冥婚之女主角爲孤娘，爲生人姑娘之對稱。大抵未婚妻亡故，男家再議婚娶，當締婚之日，以一黑轎接孤娘牌位，以一紅轎接新姑娘。俗謂，這倆人爲大姐二姐，一生一死，宛若姊妹。既至男家，新郎接孤娘牌位安置桌上，再出門迎接新婦。男家將孤娘名字記在祖宗世代靈位之列，永遠供祀香火，以孤娘爲正室，以新婦爲繼室或二房。當事人自以爲命硬，須配双妻可免相剋。這又惑於星相之言而有冥婚的習慣。這一陋俗，南部尙多，北部似已少見。

在臺南，凡女子成年未訂婚約而死的。父母以其無後嗣供奉，乃用紅紙條書明其生死年月日時，附以現款四元、六元、十二元、或二十四元不等，包封妥當，遺置道旁，有人拾得的，即須迎娶其神主牌以承祀之。否則，必有不祥之兆。

(三)招贅婚　閨女或養女不出嫁而招婿入贅者，謂之招贅婚。這一習慣的形成，因素不一。有因溺愛其女，不忍離開家庭，故爲之招婿者；有因女家境況窮困，故招婿以養老者；在男家或以孑然一身，無以爲家，或因兄弟衆多，無力婚娶，故願就婚於女家者。總之，一般對於招贅之擧，入贅男子每爲人所鄙視。

（四）童養婚　有子嗣之家，抱養或收養人家的女兒以爲養女，待其子和養女達是當年齡，卽使之成婚。這種婚姻，可稱爲童養婚。此卽內地所謂童養媳就是。又無子嗣之家，先收養一女，以占弄璋之喜。如果違願而不得子，則招贅以延嗣續。此亦一類似的童養婚。臺省養女之風特盛，故童養婚之習，頗爲流行。

第五節　喪　葬

1. 喪葬之俗

臺省喪葬風俗，大體和內地一樣。對於死者的裝殮、喪葬的處置，蓋本於三個觀念，卽：(1)相信二重世界，信仰精靈與崇拜祖先的觀念；(2)遵禮盡孝，迷信巫法與輪廻報應俗說；(3)誇耀家世及繁榮子孫的觀念。由於這些複雜的觀念，故爲死者辦理喪葬，無不竭盡財力而爲之。玆依喪葬處置之自然順序略述如下：

（一）臨終　凡男女成人中年以上有配偶子嗣而死亡時，謂之壽終。壽終者病危或至彌留狀態時，卽由其寢室移至正廳。謂之「徙鋪」。男子則置床於正廳右側，女子置床於正廳之左側以待死。唯臨終者上有長輩，則不「徙鋪」。或僅移於正廳偏屋。未成年者夭折，則不徙鋪。凡被徙鋪者，大體以知其將離人世，即自動招喚其家人留遺言，分配遺物（分手尾錢），囑家人為之預備後事。至彌留狀態時，由家人往溪邊取水，是曰「乞水」，請全福人為之作儀式的沐浴，理髮穿壽衣，曰「套衫」。套衫畢，家人吃紅糖，煮壽麵，是曰「抽壽」，取延長壽命之意。斷氣時，一家圍哭，以水披蓋在死者身上，打破其飯碗，以石頭換枕於死者頭下，以布巾覆蓋正廳所祭祀神佛牌位。在死者腳下供飯一碗，飯碗當中置煮鴨蛋一個，豎插竹箸兩根，是曰「腳尾飯」。又燒紙箔，曰「腳尾錢」。其後即為死者書「魂帛」一紙，供於正廳一角，置紙紮童男女於其兩側，燃燈燒香，是曰「豎靈」。

（二）入殮　尸於正廳一、二日，請司公則定時刻，將尸體裝入棺中。裝殮前，供祭以盛饌，是曰「辭生」。家人以制錢百二十文置於死者袖中，以木斗就之，令錢落於斗中，曰「放手尾錢」。此錢後來由家人分之，以線結之，貯藏起來，曰「結手尾錢」。其次，家人以長麻索一根，一端結於死者袖口，另一端由家人各以一手握其一段，請司公將其一一割斷，各人以其所握之一段，包以銀箔燒之，是曰「割鬮」，表示與死者靈魂斷絕之意。移尸入棺時，先於棺內鋪銀紙一張，撒冥幣若干，置桃枝一根，石子一枚，煮雞蛋一個，豆豉苞，醬油麴各數個，過山褲一條。過山褲者，乃以白布縫成的小褲子，以備赴陰間途中騙鬼之用，置入紅白布縫成塞以銀紙的雞枕，然後移置棺中。富有者，由家人置金器、寶石數枚於尸傍，以水被蓋之，再蓋以「掩身幡」。此物由司公用白布縫製，長如棺，最上置銀紙一張。各事完成後，由司公作祭，稱曰「收烏」。「收烏」後即正式蓋棺，入殮儀式於是完成。

(三)居喪　死亡者之家屬，自死者斷氣時起，即謂之居喪。死者之卑幼，脫冠履、披髮、跣足。婦人脫去身上一切裝飾品，換下彩色衣服。男子不穿皮鞋，不着華服，男女各依其輕重穿孝服，戴麻冠等，皆如內地。臨終處置完成後，即由孝子到外祖家報喪，是曰「報外祖」。以白紙蓋貼紅紙門聯，並於門前置香桌以表示喪忌。本族及親戚之卑幼，多來參加乞水，分受孝服。孝子禁止理髮、化粧、夫婦不能同房，禁會賓友，赴宴會，參詣寺廟等。此等守喪禁忌，在殯葬以前最爲嚴格。即殯葬以後「除靈」以前，大體仍遵守不渝。每七日對亡靈舉行盛大供祭一次，至第七個七日爲止，曰「做旬」。其中以頭旬、三旬、五旬與七旬最爲重要。富有之家，必延僧人爲之做功德。七旬以後至百日，復作盛大祭祀，曰「做百日」

。普通人家，大概於是日將魂帛撤去，曰「除靈」。換重孝爲輕孝，曰「換孝」。

（四）埋葬　臺人舊日與內地風俗一樣，採土葬法。惟因傳染病死者，方用火葬法。葬期，舊日曾有因擇地擇日之故而延長甚久者。近年，富有之家，亦取速葬原則，大約數日內即出殯。貧苦之家，則在三日內埋葬，埋葬之前，必有供祭。送葬行列中通過其親戚故舊門口時，各在其門前擺路祭。棺至墓地正式落葬時，請土工掘土移棺，將棺壁打開一孔，稱曰「開栓」，使棺內尸體與地下土氣相通。埋葬畢，喪家共祭土神。祭畢，由風水先生在木戽內取五穀種子撒播於墓地上，期以五穀豐登，象徵其子孫繁殖。安葬完畢後，孝子抱神主牌位回家，是曰「返主」。在家中設靈桌，以備隨時供祭，是曰「安靈」。葬禮至是完畢。葬後三日，孝子必着孝服再至墓地參拜。是曰「巡山」。

2. 洗骨改葬

臺地尚有洗骨改葬之俗。凡親屬去世土葬後，經五年至七年，其屍已化，乃擇吉開墳，洗拾遺骨，曝乾後，用絲線連結，裝入高約二尺，直徑約一尺之圓形陶罐，俗稱「黃金甕」。再由堪輿家卜地，擇吉安葬。拾骨之禮，大概在清明節前後十日間行之。這俗的發生，或因惑於風水，或因便於移葬。人死土埋，墓地浸水，或有蟲害，適時拾骨遷葬，這又是一個原因。

第六節　家族制

家庭，是基於男女婚姻結合的一個社會單位，可說是人類社會最基本的組織；其功能，在綿延種族。在我中國，家庭有二型式：以夫妻和子女構成的，通常稱爲小家庭。除夫妻和子女兩代之外，連祖父母、父母、兄弟、姊妹、妯娌、以至於伯叔父母、堂兄弟等，皆同居於一家之內。由於這種血緣關係的結合而採合居方式的，通常稱爲大家庭。小家庭，又稱爲夫婦制；大家庭，又稱爲家族制。據民國四十一年雷伯爾等臺灣農村家庭調查：一對夫妻的小家庭，佔百分之五八。從另一方面看，可知臺灣農村有百分之四十大家庭。又據民國四十二年雷伯爾等臺灣城市家庭調查：一對夫妻的小家庭，佔百分之六八。從另一方面看，可知臺灣城市有百分之三十大家庭。綜上兩個調查統計，在兩種統計之各比例上，可見現在臺灣的家制：鄉間的大家庭，佔十分之四；市區的大家庭，佔十分之三。臺灣大家庭之繁盛，從此可知。一般風尚，以爲家庭數世同堂，便引以爲榮，故有三代同堂、四代同堂、五代同堂、六代同堂者。我國向以家族主義著稱於世，臺灣這一風尚，亦是傳統的習慣。一個大家庭，在社會上經濟上成爲共同生活單位。這種家庭組織，實爲農業社會的產物。一般大家庭，如家長健在，雖子孫滿堂，亦不分家。房屋不夠居住時，則就本宅範圍擴建。家長統轄全家，有絕對權力。家長亡故後，各房始行析產，或各起爐灶，或仍營共同生活，各聽其便。惟經濟獨立，各自謀生。

在一大家庭，烹飪洗掃，由媳婦分擔，每人輪值十日或半月。大家庭媳婦，在烹飪洗掃上，有不勝任的，則抱養女或童養媳，以分其勞。烹飪、蒸糕、包粽子及醃醬油四項，爲一般主婦日常生活上必修的技能。農村主婦，除農事外，對於飲食烹調與洗掃勞作，又須件件皆能，否則，爲人所竊笑。

第七節　養子習慣

往昔，福建人和廣東人初到臺灣，生活流蕩，隨地謀生，因此東移西遷，親鄰相處，情同骨肉。劉靑田有云：「今之人同里巷以居而有不相援者，及其遇於他方，不啻如見骨肉。所適愈遠，則其情愈親」。這是鄉土觀念與社會關係之所以建立的一個說明。閩粵移民，在當年生活環境之下，漸漸地由地緣關係而發生血緣關係。他們沒有子嗣的，就收他姓之子以爲己子，名曰螟蛉。亦因有其時代背景和文化背景，民間對於承繼宗祧，瀆姓亂宗，不以爲意，螟蛉子之領養，遂相習成風。大都收領八、九歲至十五、六歲之子以爲己子。更有年未衰而不娶，以壯夫爲子，爲之娶親，以承宗祀而繼後代。或年老乏嗣，無期功緦麻之親，不得已而抱養他姓者，有之。甚至富家有子的，亦畜他人之子以爲養子。

臺省養子習慣之風行，溯其遠因，約有二端：其一、由於移民增加，逐地之利，各以耕地人力所需，乃求子嗣增多，以爲助力。其二、雍正以前，移民禁携眷屬，生殖有限，不得不領養異姓之子以防窮老。

由於時代的演變，復因招贅的流行，養子方式，有由招贅替代，故今養子本質，已有所改變。

第八節　養女習慣

養子女習慣之發生，乃淵源於個人財產繼承，或養親冀得慰藉，原是富於人情味的風尚無，背善良習俗。所以各國民法多予規定，以應需要；同時，關於被收養的利益之保護，法律上亦極端重視。

臺灣在日據時期，受日方的重重剝削，民不聊生。復因沿襲重男輕女的陋習，家有女兒的，自孩提即抱送他人養育，以省負擔，日久成俗，馴至中人之家莫不有養女。

臺省養女之風既盛，流弊所趨，漸失本意，而生惡果。考收養養女的目的，概可分為下列數種：

(1)以承繼或慰藉為目的者——結婚多年尚未有子女者，往往先抱養一他人女孩，命名「招治。」（臺語：招治與招弟音同，意即希望能夠生弟的吉讖。）此類可稱為「準女兒」，待遇完全與親生子女同。

(2)以匹配親子為目的者——家境貧寒的，每慮親子長成，無力納娶，而娶不到媳婦；或家境雖非貧寒，因慮「大娶」的媳婦，往往與翁姑不能和協，故預先抱養他人女孩，以爲養女，俟年長成，卽匹配親子。故臺俗稱養女爲「媳婦仔」，其意卽此。這種情形，以廣大的農村爲多。

(3)以奴役爲目的者——或以雇用女傭，恐難可靠，因此收養他人女孩，以供役使。這類被收養的，名雖養女，實卽奴婢，與親生子女的待遇，絕不相同。這種情形，以城市爲多。

(4)以牟利爲目的者——一般歹徒鴇母，多有藉收養少女儲作娼妓，或輾轉押賣，以之牟利。據最近調查所得，全省妓女人數中，百分之六十，皆爲養女。

綜上所述，第一種、係以承繼或慰藉爲目的，這因基於慈幼精神，本無可訴病，自屬法律所容許。第二種、係儲爲子媳，則有缺點。大凡婚姻須基於當事人的自己志願，不容强迫。「媳婦仔」未必定能與親子和協相愛，如違反當事人志願而强迫成婚，行爲旣不合法，後果亦決難美滿。且「媳婦子」對於收養者，原有養親和養女的關係，與養親之親子，應受民法上近親結婚的限制。若非先行終止收養關係，其婚姻卽屬無效。第三種、係以奴役爲目的，則使養女習慣大爲變質。這類養女，既無接受教育的機會，且多遭受歧視凌虐，度非人的生活。而第四種、係以牟利爲目的，竟以靑年養女作爲買賣交易的對象，成爲娼妓主要的來源，尤屬妨碍風化，貽害社會，法律固有厲禁。

自臺省光復，政府有鑒於養女習慣的流弊，乃積極以謀改善。據民國四十四年之調查，臺省八百萬人口中，戶籍上可以查考養女的數字，爲十三萬五千三百四十三人；另有變相養女約有四萬人。民國四十年七月，保護養女運動委員會成立，對於社會上凌虐及歧視養女的惡習，力謀制止；且對養親和養女間的糾紛，極力予以調處。六年以還，不無成效。民國四十五年三月，臺灣省政府公佈臺省現行養女習俗改善辦法，特別規定：(1)收養養女，必須符合民法要件，並准日後長大有繼承養親財產之權。(2)收養女者，應負責收養至成年日止，不得有虐待、買賣、轉讓、抵押等妨碍風化之行爲。(3)凡以養女爲對象而訂立之借貸或其他契約，一律無效。(4)養女婚姻，必須依其自己志願，不得强迫。此皆依據民法規定，並針對臺省當前實際情形而訂定。又同時公佈的臺省妓女管理辦法中嚴禁養親逼迫養女賣淫，並防止歹徒鴇母以收養養女爲名而迫良爲娼。這些辦法，如能切實施行，誠爲整飭社會風氣維護人道之要政。

第四章 心理生活

第一節 歲時習俗

1. 臺灣歲時習俗的形成內容與文化要素

一地方的歲時習俗，常反映着當地人民的宗教信仰和社會生活事象。從這種種事象中，正足以表現了綜合的文化意義。臺灣的歲時習俗，有其文化傳統的背景，與大陸內地大體相同。但亦有其特徵，即民間信奉的神明中，以地方神或鄉土神居多。而且愈是地方性的神明，其對民間的影響力也愈大。這些地方神，大多隨着閩南粵東移民而來，到了臺灣以後，因爲一般移民鄉土心理的發展，這些地方神無形中都被尊奉爲守護神了。

臺灣歲時習俗的形成內容，約爲全國性的傳統信仰，地方性神明和雜神的崇拜，以及傳統的歲序節俗。

臺灣歲時習俗的文化要素，含有：(1)對神明及祖先的祭祀，(2)節令的敘情、娛樂和競技，(3)節令中的避忌。歲時祭祀的文化價值和社會效用：一爲景仰先賢的豐功盛德，二爲崇尙固有的民族正氣，三爲表「愼終追遠」的思親之心。四爲發抒鄉黨聯歡和親友款叙之情。但對雜神的祭祀，帶着甚多祈求報謝的意味，脫不了原始迷信心理的困惑。

2. 全國性神明及其祭祀

臺灣的民間信仰，無疑的仍保持着中國文化很古老的特質。其中對中國古代的自然崇拜、庶物崇拜、以及通俗道敎佛教中神佛的信仰，大體保持於不墜。但其中不免也有倚重倚輕的情形。許多在大陸已很衰微的神明，如三官大帝等，在臺灣却奉祀很盛。亦有在內地極重要的神明，在臺灣反降格而爲地方神的陪祀。我們大體上可以將臺灣民間所信奉的全國性神明分爲下列三大類：

(一)自然神　如天帝、土地公、太陽、太陰、五雷元帥、閃電婆、牽牛織女二星、五行之神、花神、樹神、山神、水神等是。此等神明的信仰，具有歲時祭祀的原始性質。

(二)通俗道教和佛教的神　如玉皇大帝、玄天大帝、三官大帝、太上老君、玄壇爺、九天玄女、張天師、呂仙祖師、彭祖等，都是道教的神。如觀音佛祖、釋迦牟尼佛、阿彌陀佛、地藏菩薩等，都是佛教的神。此等神明，在歲時祭祀中都佔重要地位。

（三）古代氏族神和人神　如盤古大王、伏羲先帝、神農大帝、女媧娘娘等神，都是中國遠古傳說中的帝王，實際上當爲古代氏族的神。此等神明，在內地並未獲得普遍的祭祀，在臺灣却都一直維持祀典。又我國歷代的先賢先烈，如屈原、介之推、韓文公、魯班公等，在內地並無普遍的祀典，在臺灣反有其信仰上的傳布。對於前者，我們可據以說明臺灣閩粵移民和南方古民族的淵源；對於後者，大概可以認爲地方祀典的移植。

這些神明的祭祀，其盛衰不一，區域廣狹，亦常有差異，但其成爲歲時祭祀之一部，則無疑義。茲將各神明祭祀日期及其信奉的中心地區列表如下：

表(一)　臺灣全國性神明祭祀表

祭日	祭祀對象	寺廟中心	信奉者	備註
正月六日	女媧娘娘	宜蘭頭圍補天宮臺中大甲朝奉宮	一般人民	
九日	玉皇上帝(天公)	彰化天清觀及各地道觀	同上	
十五日	玄壇爺	南投草屯敦和宮	同上	
十五日	天官大帝	新竹關西太和宮	同上	正月十五日，俗稱上元節。
十五日	盤古大王	新化盤古大王廟	同上	

二月二日	土地公	全臺各地土地公廟	同上	
二日	周倉爺	基隆萬里周倉廟	基隆居民	
三日	文昌帝君	各地文昌宮	讀書人	
十二日	百花生日	無專廟	婦女	
十六日	伏羲仙帝	彰化嘉寶潭仙帝廟	一般人民	
十九日	觀音佛祖	臺北萬華龍山寺及各地	一般婦女	
三月二日	開山聖侯 介之推	虎尾崙背開山聖侯廟	虎尾居民	
三日	玄天上帝	新化玉井北極殿及各地	一般人民	
十六日	玄壇元帥	同前	同上	
十九日	太陽公	無專廟	同上	
廿八日	東嶽大帝	宜蘭東嶽大帝廟	同上	
四月八日	釋迦牟尼	全臺各地佛寺	同上	稱浴佛節
十四日	呂祖	各地呂祖廟	理髮業	
廿六日	神農大帝	各地神農廟	農民國醫	
五月五日	張巡、許遠 附元帥	臺北木柵 嘉義雙忠廟	當地居民	
六日	馬公城隍	馬公城隍廟	一般人民	
十三日	關公	臺南及各地武廟	同上	
十三日	霞海城隍	臺北延平路霞海城隍廟	同上	
十八日	張天師	北斗天師公廟	同上	

六月	九日	天帝	羅東天帝宮	一般人民	
	十一日	田都元帥	臺北龍山寺紫來宮	樂人、戲子、妓女	
	十五日	臺中城隍	臺中城隍廟	一般人民	
		南投城隍	南投指南宮	一般人民	
	十九日	水流觀音	大屯松竹寺	一般人民	
	廿四日	西秦王爺	臺北萬華西秦古廟	樂人戲子	
		五雷元帥	海山霹靂宮	一般人民	
七月	一日	地藏菩薩	各地佛寺	同上	
	七日	織女	無專廟	未字婦女	
	十五日	地官大帝	各地寺廟	一般人民	
	十五日	盂蘭盆會	地藏及孤魂野鬼	同上	七月十五日，俗稱中元節。
	廿五日	齊天大聖	宜蘭大聖廟	同上	
	三十日	地藏菩薩	各地佛寺城隍廟	同上	
八月	三日	司命灶君	家神無廟	同上	
	十五日	土地公	各地土地公廟	同上	
	十五日	太陰娘娘	無專廟	同上	
九月	九日	重陽帝君	無專廟	讀書人	
	九日	羅車太子	各地太子廟	一般人民	
	九日	九天玄女	大甲朝奉宮	同上	
	十九日	觀音佛祖	臺北劍潭寺	同上	

廿日	五顯大帝	各地五顯廟　五通廟	同上	
十月十日	水仙尊王	各地水仙王宮	同上	
十五日	水官大帝	海山潮和宮及各地	同上	十月十五日，俗稱下元節。
廿五日	感天大帝	桃園仁壽宮	同上	
十一月一日	南嶽大帝	淡水南嶽聖侯廟	同上	
廿日	韓文公	潮州昌黎祠	潮州居民	
十二月廿日	魯班公	無專廟	木匠	
廿四日	司命灶君	無專廟	一般人民	

參閱附錄二：臺灣神明及寺廟數表

3. 臺灣地方神明及其祭祀

臺灣地方性的神明，大部分是由閩粵移民自祖籍帶到臺灣，與祖籍信徒常保持着鄉土關係。雖然移到臺灣以後的神，獲得更廣大的信仰者，但與祖籍人民仍然保持着更親密的特殊關係。也有一部分地方神，始終僅爲局部祖籍人民所信仰，未能擴展信仰者的範圍。

在臺灣最有權勢，成爲一般信仰對象之神者，首推媽祖。媽祖，是由閩南籍移民偕來臺灣的，亦稱天上聖母。其祠廟的普遍，祭祀的隆重，非他神所能比擬。因爲媽祖是航海的保護神，首先在臺南北港建立朝天宮，其後擴展到本省各地。淡水江頭和臺中旱溪的媽祖宮，都擁有極多的信眾。次於媽祖的地方神，如廣澤尊王，亦與閩南人的殖民事業有重大關係。往昔泉州人渡海來臺時，以廣澤尊王神像於小木匣內携之為守護神。其次，如清水祖師是巫法的神，註生娘娘、臨水夫人是生育的神，保生大帝是醫藥的神。其他，如開漳聖王是漳州人的主神，三山國王是潮州客家人的主神，保儀大夫是泉州人高、張、林三姓的保護神。

由於開發臺灣有豐功偉績而臺民奉之為地方神者，如鄭成功的受尊為開山聖王。以自我犧牲化民成俗而臺民奉之為地方神者，如吳鳳的受尊為忠義之神。明末寧靖王及其五妃，亦被崇奉為神。此外，如十八靈公、壽公等，都因有功於地方而為臺人所奉祀。

精靈信仰，在臺灣亦極盛行。七月的祭祀，對象多是鬼魂。各地的有應公祠、萬善祠、大眾廟等小廟，都是為奉祀無祀孤魂而建置。尚有水流公廟，祀河中溺死的鬼；池頭大人，祀產死的女魂。蛇聖公、將軍爺（貓神）、石頭公等，皆有歲時祭祀。玆將此等地方神明的祭日及寺廟中心，列表如下：

表(二)　臺灣地方性神明祭祀表

祭日	祭祀對象	寺（祠）廟中心	信奉者	備註
正月五日	定公古佛	淡水草山寺	汀州籍民	
六日	清水祖師	臺北萬華清水祖師廟及各地	泉州籍民	
十五日	臨水夫人		泉州籍民	
十五日	石佛公	員林石佛公寺	泉州籍民	
十五日	陳府將軍	南投新莊陳府將軍廟	泉州民籍	
十六日	古公三王	羅東五結庄鎭安宮	漳州籍民	
十六日	五妃	臺南五妃廟	一般人民	
十六日	開臺之主	臺南延平郡王祠及各地	一般人民	
十七日	福興公	大甲福興宮	泉州籍民	
十九日	石頭公	南投茄荖脚石頭公廟	南投居民	
二月二日	土地公	各地土地公廟	一般人民	
二日	虎爺（土地公配祀）	各地土地公廟	同上	
二日	保儀尊王	文山深坑集應廟	中州籍民	
十五日	開漳聖王	基隆奠濟宮及各地	漳州籍民	
廿二日	廣澤尊王	虎尾鳳山廟及各地	泉州籍民	

	廿五日	三山國王	各地	潮州籍民
三月	二日	泉州公（泉州人與漳州人鬪械犧牲者）	大甲大安港崇善祠	泉州籍民
	二日	石頭公	羅東多山庄大伯爺廟	泉州籍民
	三日	吳鳳公	嘉義	一般人民
	十五日	天上聖母	臺南市媽祖廟虎尾奉天宮	同上
	十五日	保生大帝	臺北大龍洞保安宮	同上
	十六日	章元帥	嘉義東石鄉鳳山宮	泉州籍民
	二十日	註生娘娘	臺北萬華龍山寺	一般人民
	廿三日	天上聖母	各地媽祖廟	一般人民
四月	一日	七夫人	新竹香山明烈堂	泉州籍民
	六日	松王爺	嘉義東石鄉慶福宮	泉州籍民
	八日	劉公	旗山美濃庄劉公廟	旗山居民
	八日	民主公	淡水新庄民主公廟	淡水居民
	十日	保儀大夫	文山深坑中順廟	中州及泉州籍民
	十六日	黑虎將軍（保生大帝之配祀）		泉州籍民
五月	五日	犬公	東石鹿草庄員山宮	泉州籍民
七月	七日	床母　七娘媽	無專廟	一般人民
	廿三日	法主公	臺北延平路法主公廟及各地	泉州籍民
	廿九日	大衆爺、有應公 池頭夫人	各地地藏菴有應廟	一般人民

八月二日	路嬌姑娘	大甲社尾路嬌姑娘廟	泉州籍民
十五日	山貓	宜蘭頭圍天興宮	泉州籍民
廿二日	廣澤尊王	虎尾鳳山廟	泉州籍民
九月三日	楊府眞人	新竹翠碧岩仙公宮	泉州籍民
九日	太子爺	各地	一般人民
九日	九天玄女	大甲龍井庄朝奉宮	同上
十二日	十八靈	豐原十八靈公廟	泉州籍民
十四日	輔順將軍	臺北臺中輔順將軍廟	漳洲籍民
廿六日	曹公	鳳山曹公祠	一般人民
十月十日	水仙尊王	各地	同上
廿五日	感天大帝	桃園仁壽宮	漳州籍民
十一月廿二日	青山王	臺北萬華青山王廟	泉州籍民
十一月廿六日	廣惠尊王	羅東五結庄王公廟	漳州籍民

參閱附錄二：臺灣神明及寺廟數表

4. 臺灣季節性的歲時習俗

由上所述，臺灣的神明信仰，表見於歲時祭祀的，可說是歲時習俗的一部分。此外，尚有許多季節性的歲時習俗。這些季節性的歲時習俗，有一特質，就是富有祖先崇拜的意味吾國人本於精靈信仰的宗教心理和報本反始的家族觀念，而產生祖先崇拜的行爲。這種行爲，在歲時習俗中幾乎每一個節令都有虔敬的表現。臺地和大陸一樣，從元旦開始，接着有元宵、清明、端午、半年圓、中元、重陽、冬至、除夕各節令。每逢這些節令，家家祀先祭祖，莫非藉此表示一點思親的心意。拜祖之外，又有「徼福於神」的心理活動，就是敬神心理的表現。總之，一般歲時習俗的發生，其原動力，完全根源於人羣的原始宗教心理與家族觀念。而其發展，就縱的方面來看，都有其時代背景與文化背景，甚且還有政治背景與經濟背景。其發展過程，自先秦以迄六朝隋唐而大盛。這些節俗，都具有保守性與傳統性，世世代代，流傳不絕。

季節性的歲時習俗，一年之中，主要的有十八個節俗，玆分述如下：

(一)春節　亘古今，統中外，過年過節，乃是全世界人共通的精神生活之現象。中國自古以農爲本，歲序以農曆爲準。民國肇造，改用陽曆；爲保持優良的傳統文化，故以農曆年爲春節。周正建寅，春爲歲始。春節取名，自有所本，合情亦合理。由於數千年農業社會中生活習慣的傳襲，遺下民間最富有人情味的生活藝術。這種生活藝術，在春節燈節中充分的表現出來。百工終歲辛勞，當這大好春節，休暇游閒，聚親會友，吃吃玩玩，自家享樂一番。這實在是勞勞人生一年難得的機會。臺省同胞，從大陸遷來臺灣已歷經世代，而對祖國的情懷，始終縈念在心，其間雖經日據五十年來的管制，亦未稍變其「祖國愛」，連這一傳統的歲時習俗，也一直保留到現在。

春節前夕，人人深夜不眠，守歲通宵。元旦，黎明，各家燃放爆竹，燒香燭金紙，以清茶、年糕（甜粿、發粿）祭家神，拜祖先，迎新年，稱爲開正，又稱開春，表示一年良好的開始。男女著新衣新履，行香祠廟，歸來，家人依行輩拜年。親友賀客登門，用甜料（甜仁、紅棗、糖果等類）、甜茶款待。舊時，飲屠蘇酒以延年却病，少年先飲，長者後飲，飲時向東以迎紫氣。賀客有携孩童拜年的，受賀者以紅包贈送孩童，爲新年的見面禮。

初一至初五日，稱爲新春。春回大地，萬象皆新。都市農村，處處爆聲；噴春的人，三五一組，打鑼擊鼓，結伴吹奏，唱吉利歌曲以迎春。陌路隴首，街頭巷尾，男男女女，絡繹不絕，爭賞春節，喜色洋洋。新春之氣，充溢了天地人間！

有些人家，將柏枝插入柿和橘子，供諸祖像之前，取其諧音，說是：「百（柏）事（柿）

大吉（橘）」。這一歲朝供品，寓意深長，無非都是布出迎新的喜氣。

元日，早餐吃麵條，這是取綿延長生的意思。吃紅柑糕粿，可望高陞發財。忌食粥，俗以元旦食粥，這一年中遠行，必遇風雨不利。父母對兒女不加責罵，人與人間不出惡言。忌用刀剪，忌毀器皿，犯者以爲凶兆。不掃地，不出穢物。俗謂元旦掃地，福氣將隨灰土飛散；出穢物，以爲財帛將外流。又忌晝寢，男子犯的，以爲田畦必垮；女子犯的，以爲土竈必崩。

自初二日起，新娶媳婦回娘家探親，稱曰做客。

初三夜，俗謂老鼠娶親，儘早熄燈就寢。

初四日，接神。俗以臘月二十四日竈君和諸神上天奏報，初四日回到人間，家家以牲醴果品供神，燒金馬，放爆竹迎神，意在祈求衆神下地，降賜吉祥。

初五日，爲開張日，商人於是日開市。家家撤去祭祀供品；待客亦停用甜料；屋內積穢，掃出門外。

(二)人日　正月初七日，俗稱爲人日，又稱爲人生日。漢東方朔占書云：「歲正月一日占鷄，二日占狗，三日占猪，四日占羊，五日占牛，六日占馬，七日占人。」可見西漢時代已有人日的節令。道書引占書而申其義云：「天地先生鷄，次狗，次猪，次羊，次馬，始生人。」由鷄、狗、猪、羊、牛、馬而至於人，這是說明動物演化的過程，亦可知一千六百餘年前，我國人對於人類進化已有科學思想的啓發。歲首取一日爲鷄，得吉音，因星占家取讖於吉祥，爲卜年年美滿的佳兆。渾天家言天地形同鷄卵，故宜先有鷄，爲歲之首日。藝苑雌黄載說：「古人以正旦畫鷄於門，人日貼人於帳。」註云：「餘日，不刻牛羊狗猪馬之象，而正旦畫鷄於門，所以謹始也。七日貼人於帳，所以重人也。」梁宗懍荆楚歲時記載說：「正月七日爲人日，以七種菜爲羹。剪綵爲人，或鏤金箔爲人，以貼屏風，亦戴之頭鬢。」又說：「正月七日，食煎餅。」綜上所引，可知人日節令有四習俗：一爲畫鷄於門，二爲貼人於帳，三爲食菜羹，四爲食煎餅。關於「畫鷄於門」，占書以正月一日爲鷄，流俗相沿，又名元旦爲鷄日。大陸及臺地，有些人家於元日貼畫鷄於戶上，從漢魏六朝以至現在，民間還保留下這一遺俗，也可看作圖騰崇拜的遺跡。關於「貼人於帳」，晉以後，演變爲「人勝」。所謂「人勝」，就是剪綵爲人像，裝飾於室內，亦可爲婦人的妝飾物。古時因感人的可貴，把人看作萬物之靈，故在人日剪綵爲人，以作紀念。自南朝梁以後，由於時代的演進，此俗卽由「花勝」替代「人勝」了。至於荆楚歲時記所說的「人日，作菜羹，製煎餅。」尙能見之於今日。現閩俗：人日，以雜糧和蔬菜合煮而食，叫做七寶羹，謂可除百病。粵俗：稱人日爲衆人生日，家家做湯糰，製煎餅。臺地亦有此俗：人日，以芹菜、薺菜、菠菜、青葱、大蒜等七種混和煮食，謂可祛病辟邪，人口平安。

(三)拜天公　初九日，爲最高神——天公的誕辰，這是新春後第一個大節日，家家製紅龜粿、發粿而祀之。紅龜粿，象龜形，外染紅色，打龜甲印，以象徵人的長壽。拜天公的前夕，各家老少必須「守壽」到午夜。拜天公，卽所以祈平安，祝人壽。「天有好生之德」，春天能給萬物以發育生長的機會，凡此天道自然的啓示，引起人類對於人生和宇宙關係的認識，而發生自然崇拜的心理活動。人們本其心理活動的幻想作用，托出上帝作爲崇拜的象徵，奉之爲天神，爲獨尊的最高神。俗以天公爲玉皇上帝，有生成保育萬物之德，爲超人類祖先的上帝，特用紅龜粿敬奉。初九清早，夢中醒來，聽到戶外斷斷續續的爆竹聲，就是人家老少正在叩頭作揖拜天公。

（四）上元　唐代以正月、七月、十月的十五日爲三元日；稱正月十五日爲上元，七月十五日爲中元，十月十五日爲下元。俗因道教的流傳，以天、地、水爲三官，亦稱三界公，其神格僅次於天公（玉皇上帝）。又有以堯帝至仁爲天官，舜帝墾地爲地官，禹王治水爲水官，合稱三官大帝。上元，祀天官；中元，祀地官；下元，祀水官。正月十五日，清晨，每家拜天官，祈求賜福。

（五）元宵節　正月十五日，爲元宵節，亦稱燈節，又稱上元。史記云：「漢家以望日祀太一，從昏到明。今人正月望日，夜遊觀燈，是其遺跡。」可知漢代已有賞燈之俗，相沿至唐而更盛。玄宗時，元宵前後二夜，敕許金吾弛宵禁，開放燈會，以供民衆欣賞。此種燈會，爲歲首的行樂，正適合羣衆心理的要求，風氣所趨，寖漸而蔚成民間的生活藝術。因此，代代相傳，至今未衰。臺省自光復以後，燈節年盛一年。是日，家家戶戶，張燈結綵，製元宵圓子，先敬神祀祖，然後闔家聚食，取人月之團圓，慶元宵之樂事。晚上，舉行燈會，提燈遊行，高蹺蓮船，表演別緻；龍燈獅子，鑼鼓喧天。月色燈光，交相輝映，絃管笙歌，所到皆同。都邑鄉村，處處熱鬧，士女如雲，歡度元宵。元宵張燈，以上元爲最盛，故稱正燈。

有一種風俗，特別流行於臺北一帶的，就是玄壇爺的遊街。相傳玄壇爺爲趙公明，又名趙玄壇，是軍人出身，自秦世隱居山中，精修道術，道家稱之爲「趙元帥」，職司禳災保安、賣買求財，俗呼武財神。正月十五日，取其神像安置竹椅，縛兩木作轎形，叫做椅轎，由赤膊壯漢四人舁抬，鳴鑼遊行。每到商店門首，必燃放爆竹相迎。並爆竹燃投壯漢，壯漢毫無懼色，謂神附其體，故不怕爆灼。俗謂玄壇畏寒，擲爆竹以使舁者身體發熱，而傳導於玄壇爺身體，實屬可笑。不過，這「迎武財神」之俗，取義於迎神接財，也是鬧元宵中的一種點綴。

十五夜，未字的姑娘，到鄰右菜園偷得葱菜，以爲可得佳壻。諺云：「偷得葱，嫁好夫；偷得菜，嫁好壻。」但這偷葱偷菜，僅爲象徵性質，鄰家得知，亦多不以爲意。

閩、粵方言，以燈爲丁（燈與丁同音），未育的少婦，心切添丁，在花燈叢中穿來穿去，祈求得子。俗稱：「鑽燈脚生蘭巴」。生蘭巴，是生男的意思。這就是俗語說的「穿燈求貴子」。

又是夕，各地婦女有聽香的風習。先向神前焚香禮拜，擲杯茭以卜聽香方向，然後循吉利方面走去，密聽路上行人的話，依其入耳的第一句話，再擲杯茭以卜休咎。這就是俗語說的「聽香卜佳壻」。這很像大陸新年鏡聽之俗。

又是夕，鄉下姑娘備祭品和一隻綉花鞋祀東施娘。相傳東施工刺繡、紡紗、縫紉和剪裁。少女慕其工藝，故奉祀之。

元宵例有燈謎韻事。以謎語書條貼在張掛的紙燈上，供人猜射，叫做燈謎。今人製謎，多以經文詩詞，或社會流行的成文成語，或古今人名地名，以及一切事物的名詞稱謂做謎底，而另撰隱合謎底的文句做謎面，給人猜射。射者即憑謎面以猜其所隱的謎底。猜中後，例由設謎的人贈送彩品。這種韻事，固屬近於遊戲，但亦頗能激發興趣，深具啓發性的教育意義。日據時期，雖禁止傳授祖國文字，然每逢春宵秋夕，仍公開舉行，風雅不絕。光復以後，行之更盛。

(六)清明節　清明之稱，始於漢世。劉安淮南子天文訓云：「春分後十五日，斗指乙，爲清明。」蓋春三月之初，正當氣清象明，萬物孳茂，妙合自然，因以爲名。迄唐以後，相沿成爲節令。清明節，又稱中華民族掃墓節，有踏靑掃墓的習俗。唐詩：「清明時節雨紛紛，路上行人欲斷魂。」宋詩：「南北山頭多墓田，清明祭掃各紛然。」明衞泳枕中秘云：「是日也，園林織錦，堤草鋪茵，葉綠沙喧，宇宙清淑，東郊緩步，瀍蕩神怡。」古人一唱一咏，一言一語，就是描繪當年清明踏青掃墓的風情。這裏所述，亦可爲今日的寫照。踏青，是郊遊的行樂；掃墓，則爲思親而盡孝。踏青，掃墓，可說是士女遊春和祖先崇拜的合一表現。臺俗，各家男女老幼於清明前後擇定吉日，備牲饌、紅龜粿，黃金紙、爆竹，上坟祭掃。到了墓地，先獻墓紙，將黃金紙覆蓋塚上，壓以土石，謂之掛紙，亦即古人掛錢的遺意。獻畢，祭拜。拜墓後，家長以麵粿和紅龜粿分給卑親屬，稱「揖墓粿」。

往時，婦女三五成羣，素服掃墓。祭畢，摘樹枝歸，或簪之，謂之插青。如今此俗已少見。

清明節還有一種食品，類似內地的清明粿，叫做「鼠麴粿」。這種粿，以鼠麴草（一名母子草）和乾蘿蔔絲爲餡，合糯米粉製成。節前，親友以鼠麴粿相互投贈；節日，以此粿供奉祖先後，闔家分食。

（七）浴佛節　四月八日，爲浴佛節。是日，相傳爲佛教開祖釋迦牟尼誕生日。民國年間，中國佛教會定以國曆四月八日爲慶祝佛祖紀念日。釋迦牟尼，亦稱釋迦文佛，幼名悉達多。父淨飯王爲印度迦毘羅城主，母摩耶夫人，西元前五百四十四年（周景王元年）誕生。年十六，娶耶輸多羅，舉一子。其時，印度婆羅門教盛行，將人民分爲僧侶、貴族、農工、和賤役四階級，階級之間，不許來往或通婚。悉達多雖身爲親貴，但對現狀極爲不滿；又感覺到生、老、病、死的痛苦，心中尤爲不安，在十九歲時，就入雪山修行。六年出山，後在迦耶山的菩提樹下，大有所悟，遂四出說法，就自身所澈悟的人生眞諦，化導人羣，凡四十年。年八十，在拘尸那城跋陀河的遮羅双樹間圓寂，時在西元前四百六十四年（周貞定王五十一年）。弟子甚多，奉他爲佛祖。佛，是梵語，其義爲「覺」。或云，「釋迦」之義爲能仁，「牟尼」之義爲寂默。佛以悲智濟度衆生，故得此嘉號。其敎，稱佛敎，於後漢明帝時自西域傳入中國。

浴佛，亦名灌佛。後漢書陶謙傳云：「每浴佛，輒多設飲飯，布席於路。」可知浴佛之俗，在東漢時代就有了。民國以來，每年以四月八日釋迦牟尼誕生日定爲浴佛節。是日，各地寺廟齋堂浴佛，誦經禮拜。佛教團體，則開會紀念。

（八）端午　舊以農曆五月五日爲端午。按夏正建寅，五月爲午月，故五日亦稱午日。端午，猶言重午，臺俗稱爲午日節。晉周處風土記云：「仲夏，端午，烹鶩角黍。端，始也，謂五月初五日也。以菰葉裹黏米煑熟，謂之角黍。」角黍，一名筒糉，卽今之粽子。古時，祭屈原者，因恐祭品入水散失，故用竹筒盛米，密封而投下水，其後演變爲以大竹葉包紮，是爲角黍或粽子的濫觴。臺俗，節前做粽子，餽親友，曰送節。節日，家家以紅紙束菖蒲、艾枝、榕枝懸插門首，臺人稱爲榕艾苦草。兒女以五色絹布縫製香袋，用彩線穿之掛在衣扣上，叫做掛香，據說可以辟邪。又以五彩線繫兒手足稱長命縷。吃粽子，相傳是紀念愛國詩人屈原。飲雄黃酒，以蒲艾洗身，據說可以祓瘟。在淡水河和臺南、高雄等近海之處，有龍舟競渡，稱扒龍船。這也是古時「競渡拯屈原」的遺俗。

五月五日，亦爲詩人節。在臺詩人集會賦詩，弔屈原，咏吳鳳，以宏揚詩教，鼓吹中興。

（九）半年圓　六月初一日，家家戶戶以紅麴和米粉爲圓子，泡以糖湯，稱爲半年圓，用來祀神祭祖。一般習俗，以爲上半年已平安渡過，祈求下半年一樣的平安。糖圓子，取其圓滿，吃過半年圓，可望事事圓滿，個個平安。也有些人家，改在六月十五日舉行的。

（十）天貺節　六月初六日，稱天貺節。北宋眞宗時，以天書降於是日故名。各家多於這一天檢出衣物書畫曝曬，俗稱曬黴。因在梅雨季節，天時晴雨無常，衣物易生黴點。黴，卽霉之意，示物腐敗而成垢之黑色。立夏以後，氣候乾熱，此時曝物，可除蟲害。臺俗，稱六月初六這一天爲曬龍袍的日子。

（十一）盂蘭盆會　七月初一日至三十日，街衢巷里，多輪流延僧作道場普渡，寺廟亦各舉行建醮佛事，二、三日不等，以祭無祀孤魂，曰盂蘭盆會。大藏經云：「目蓮以母坐餓鬼中，佛令作盂蘭盆，以珍果疏食置盤中，供佛，而後母得食。」故佛家稱之爲盂蘭盆會。臺俗，七月初一日，爲開地獄，亦謂開鬼門。三十日，爲閉地獄，亦謂關鬼門。從前，最後一夜，搭建孤棚，堆積食物，以供「餓鬼」。僧甫登壇施食，觀衆紛搶，叫做「搶孤」。前清光緒十四年，臺灣巡撫劉銘傳，厲禁「搶孤」惡習，從此風氣丕變。自七月一日至三十日，幾乎全月之中，日必有祭，年來政府積極提倡節約，限制無謂浪費，規定此一習俗集中於七月十五日舉行。

(十二)七夕　古以七月七之夜爲七夕。俗稱七月爲巧月，七夕爲巧夕。七夕，又名巧節。羅頎物原云：「楚懷王初置七夕」。是吾國歲時習俗之有七夕，乃發端於戰國之世。相傳，是夕，牛郎織女相會，兩者距離，只隔一條河流，烏鵲塡河成橋，渡織女。西漢劉安淮南子、東漢應劭風俗通和崔實四民月令，均有同樣的記述。可知漢代已有牛郎織女相會的傳說。到了六朝，有晉周處的風土記，梁吳均的西京雜記和宗懍的荆楚歲時記，綜其所述，可以窺知由這一傳說而演成乞巧的故事。牛郎、織女、皆星名，本源於牛女二宿。牽牛在天河側，與織女相對。「天上雙星夜，人間七夕秋。」我國古人基於自然崇拜的心理，而構成這一天上佳話。就是，用兩顆星配合歲時，以象徵農業經濟社會的男女生活，而演爲兒女情戀的韻事，並具有男耕女織分工合作的意義。織女，又稱七星娘。七月七日晚上，婦女們於月下設香案鵲橋，陳瓜果、花粉、針線、祀織女星，曰乞巧。

俗傳，七月初七爲魁星生日，士子多於是夜爲魁星會，殺狗取頭以祭，後來，則用羊首供祀。此俗，似源於科學，現漸衰絕。

(十三)中元節　七月十五日，爲中元節。俗以爲是日祖先歸家，無論貧家富戶，發人子孝思不匱之念，以紙鏹祭品奉祀。這也是愼終追遠報本反始的原意。

（十四）中秋節　八月十五日，爲中秋，以其居秋季三月之中故名。中秋，爲團圓佳節，又稱月夕。晉書云：「謝尙鎭牛渚，中秋夕，與左右微服泛江，會袁宏於別舫諷詠，聲韻清朗，詞意藻拔。尙即逆宏舟，吐華達旦。」唐歐陽詹玩月詩序有云：「玩月，古也。謝賦鮑詩，朓之亭前，亮之樓中，皆玩月也。」據此，可見晉唐時代已有中秋玩月的風尙。從此以後，流風所播，雅人雅事，遂推及於一般社羣；而欣賞中秋，便成爲一個充滿詩意的令節了。

中秋節日，臺灣頗多例俗，主要的，有賞月會、奪狀元餅會和聽香之戲。玆略加分述：

(1)賞月會：在這一天的晚上，皓月當空，美景良宵，家家供酒饌、花果、及狀元餅等，燃香遙拜，謂之拜月。有的即景吟詩，賽棊彈琴，開賞月的酒會。有的延款親朋，泛舟歡聚，作玩月的夜遊。(2)奪狀元餅會：以糖麪製餅，曰月餅，臺俗稱爲狀元餅。取一套小至銀元大至臉盆的各式月餅，用紅紙順序貼上狀元、榜眼、探花、會元、進士、舉人、貢生、秀才、童生、白丁等名目。大家圍桌作戲，每人輪流用骰子六顆擲入碗中，各視其點數而競奪所定科名高低的月餅，以四紅爲最高點。這種遊戲，乃取義於蟾宮折桂和秋試奪魁，別饒風味，亦足以發人快樂的興趣。⑶聽香之戲：中秋之夜，未婚婦女爲求佳偶匹配，已婚婦女爲求早生貴子，於夜闌人靜時，作聽香之戲，如元宵節一般。所以，聽香是婦女們占喜的玩意兒，亦中秋玩月的韻事。

中秋月餅，跟端午粽子一樣，是家家必備的佳品。端午吃粽子，是紀念愛國詩人屈原的；而中秋吃月餅，却是對個人本身一個更有意義的紀念。月餅，取團圞之義，以象徵團圞的皓月，卽所以反映嚮慕人生圓滿無缺的意境。所謂賞月吃月餅，在紀念意義上，就是鼓勵自己，在人生態度方面要努力追求前途的光明，宏拓生命的光輝！

(十五)重陽節　古人以九月九日，日月皆值陽數，因以爲節名，曰重陽。三國魏文帝與鍾繇書云：「歲往月來，忽復九月九日，九爲陽數，而日月並應。俗嘉其名，以爲宜於長久，故以享宴高會。」可知重陽之名，淵源於三國。重陽又曰重九。陶潛文云：「余閒居，愛重九之名。秋菊盈園，而持醪靡由。」又知重九之名，原始於東晉。現民間通稱九月九日爲重九節。重九節日，古有食糕、飲酒、登高、插菊、賞菊之俗。西京雜記云：「漢武帝宮人賈佩蘭九月九日，佩茱萸，食蓬餌，飲菊花酒，云令人長壽。相傳自古，莫知其由。」蓬餌，卽今之糕粿。可見西漢已有重九食糕粿飲菊酒的習俗，以爲食此粿、酒可以延壽。續齊諧記云：「汝南桓景隨費房遊學累年，長房謂之曰：『九月九日，汝家當有災厄，急宜去，令家人各作絳囊，盛茱萸，以繫臂，登高，飲菊花酒，此禍可消。』景如其言，舉家登山。夕還，見雞狗牛羊一時暴死。長房聞之，曰：『代之矣』。」由上所述，可知到了東漢以後，就演成重九登高之俗，以爲登高可以避災。至晉孟嘉龍山落帽的韻事，古今傳爲美談。時當重九，芳菊盛開，獨傲秋霜，晚節猶香。文人雅士，感物懷人，亦有插菊、賞菊之舉。臺俗：重九節日，家家以麻粢祀祖。麻粢，糕粿類。祀祖後食麻粢，就是古時「食糕」的遺風。秋高氣爽，最宜登臨，男女相偕登高遊山，謂可消災避害，亦卽東漢流傳的習俗。但有文士登眺，嘯詠騁懷，亦傳爲士林佳話。

在此節日，全省各地舉行敬老大會，發揚吾國固有倫理道德。地方人士携壽挑壽麪，踵賀壽星，以表敬意。或壽星聚集一地，欣祝人瑞。

（十六）冬節　冬節，國民曆上稱爲冬至。冬至，是太陽恰好經過「冬至點」的一日。每年陽曆十二月二十二日，或二十三日，卽爲冬至。這天，北半球夜最長，日最短；南半球反是。我國大陸及臺灣位於北半球，一年之中，多至夜最長，過此以後，逐漸日長夜短。多至：禮記月令，一稱長至，又稱短至。稱長至的，是指其開始日長。稱短至的，是指其日短至此爲止。一長一短，其意原無二致。李瑞和詩云：「家家搗米作團圓，知是明朝多至天」。流俗相傳，多至日，用糯米粉做圓子祀先。臺省圓子多不加餡兒，湯少糖多。門扉器物，皆粘一圓子，謂之餉耗。祀畢，闔家團圓享胙，謂之添歲。

（十七）送神日　十二月二十四日，臺人稱爲送神日。俗傳這一天每家竈神帶了諸神昇天，奏報最高神——天公。在這天早晨，各家供牲醴，焚紙馬，送竈君諸神上青天，供品中用甜圓子。祀後，將甜圓子黏上竈君的嘴，給他口角生甜，就會「好話傳上天，壞話丟一邊」了。這就是古時所謂「媚竈」。此風由來已久，至宋而大盛。宋范成大祭竈詩云：「古傳臘月二十四，竈君上天欲言事。雲車風馬少留連，家有杯盤豐典祀：猪頭爛肉雙魚鮮，豆沙甘鬆粉餌圓。男兒酌献女兒避（一說：竈奶奶善妒，不願見婦女祭竈。大陸有「女不祭竈」之俗。），酹酒燒錢竈君喜。婢子爭鬭君莫聞，貓犬觸穢君莫嗔，送君醉飽登天門。杓長杓短勿復云，乞取利市歸來分。」讀此詩，可窺一斑。這不啻是對當時社風政風的一大諷刺。「媚竈」之俗，傳播甚廣，而流傳又久，迄今未絕。其實，竈君的被人供奉而後世又加上「司命」的稱號，是因竈以掌火爲務，掌火就是專司人家的烟火。人非烟火無以熟食，非食無以爲生。這是出於人類生存的要求而產生祀竈的信仰行爲。由此解釋，在這神話傳說中似乎還具有經濟的意味。又敬竈全書云：「竈君前，每日焚香一炷，竈間常宜潔淨，上竈必先洗手。」一俗諺也有「事神不如祀竈」的話。這都足以說明我國習俗，一般人家，總視祀竈比事神更爲重要，幾乎把竈神也人格化，多少涵有藉敬竈而勉人謹飲食、愼烹飪的意義。

二十四日送神之後，即舉行大掃除，名曰掃垢，又稱「掃殘星」，含有掃去一切晦氣之意。掃除後，接着做糕粿，貼春聯，準備迎新春，過春節。次日，各家齋戒焚香，以爲天公下降，察問人間善惡，人人切忌打架，出言更要謹愼。

（十八）除夕　「故歲今宵盡，新年明旦來。」俗以農曆十二月末日之夜爲除夕。意思是舊歲至此夕而除，明天就換新歲了。

是日，清掃庭舍，設位掛先人遺像，曰懸影，以年糕奉祀，云迎祖宗回家過年，這是大陸江南一帶所謂「迎像」之俗。祀先之外，並祭天神、門神、竈神，供飯一盂，菜一盂，上插紅春花、小元寶，取「歲有餘糧，年年吃不盡」之意。

晚上，燃華燭，放爆竹，謂之辭年。舉家圍桌進守歲酒（俗稱團圓飯，亦稱年夜飯。）聚飲時，桌下置一火爐，爐的四周，置錢多枚，於一團温暖和氣中，祝來年財氣興旺，人丁發達。吃守歲酒後，長輩以壓歲錢分賞卑幼。往時，普通人家用紅線穿制錢百枚爲壓歲錢，取長命百歲之義，寓意美而又上口彩。現在制錢雖廢而改用硬幣，其用意仍復存在。「共歡新故歲，迎送一宵中。」分歲以後，闔家圍爐團坐，談笑娛情，或作玩牌、下棋的嬉戲，通宵不眠，直到天明。守歲，亦稱守長壽夜。因爲守歲可使父母長壽，爲子女的，自然都願藉此善盡孝道。

有些童養媳，就在吃守歲酒前舉行結婚（亦有在十二月十六日成親者），紅燭一對，便爾成禮，這又是歲暮的韻事。

第二節　民間信仰

臺省民間對於宗教神明的信奉，極爲複雜。道教、佛教均從大陸傳來。基督教係由荷蘭人傳入。天主教則由西班牙人傳入。近年來都市中教堂林立，信奉基督教、天主教的，日漸衆多。此外，對於庶物、圖騰、精靈、祖先、地方神、鄉土神、雜神等的崇拜，以及巫覡、卜筮等迷信雜俗，更爲普遍，茲特分述於後：

1. 道教

我國道教，有南北二大派系之分，南派卽天師教，亦稱正一教，其開山祖師爲後漢時道士張道陵，以符水禁呪爲要旨，盛行於南方。北派卽全眞教，其開山祖師爲宋末道士王嘉，以老子「清靜無爲」爲宗旨，盛行於北方。

臺灣的道教，均屬南派，司祭分道士和法官兩種，俗稱道士爲「烏頭司公」，法官爲「紅頭司公」。一般道士，大都不明教義，缺乏篤實的信仰，故多不住道觀，而在私宅設壇，或應民間邀請，執司祭葬和符水禁呪等事，實際上無異於市井職業藝人。所謂「度生」「超亡」，幾乎就是他們終身的職業。「度生」，是對生者的一種儀禮，如建醮、謝平安、做三獻等，是爲了祈福、祈平安；又如安胎、起工、堅符、補運等，則爲了驅邪、押煞。「超亡」，是對死者的一種儀禮，就是葬儀，俗稱「做功德」。

臺省一般道教廟宇中，所奉祀的多係北派的呂洞賓，俗稱仙公。如臺北縣木柵鄉的指南宮，結構雖頗宏麗，內容却很空虛。住持並非眞正道士，且有僧侶參加，實覺不倫不類。廟中備有客室，是爲了遊人祈夢扶乩下榻用的。

道教經咒龐雜，往往由傳授者任意解釋，或以儒說附會，或與巫術合流，或依傍佛教，所祀的神，也很廣泛。茲列擧如下：

（一）玉皇上帝　簡稱玉帝，俗稱天公，爲仙佛中最高的神。玉帝，爲道教、佛教信徒所共同奉祀，無神像，僅懸吊香爐於正廳，上香致敬，俗稱天公爐。農曆正月初九日，爲玉帝誕辰。

（二）太上老君　俗稱李老君，爲道教的始祖，傳說爲玉帝的化身。

（三）三官大帝　即天官、地官、水官，俗稱三界公。其神格，僅次於玉帝。其稱號，爲天官一品賜福的紫薇大帝、地官二品赦罪的淸虛大帝及水官三品解厄的洞陰大帝。相傳三神係奉玉帝管轄三界。但也有以堯帝至仁爲天官，舜帝墾地爲地官，禹帝治水爲水官，合稱爲三官大帝的傳說。按天官誕辰在農曆一月十五日，地官在七月十五日，水官在十月十五日。

（四）玄天上帝　又稱玄武大帝、北極大帝，俗稱上帝公。廟名北極殿，多爲屠戶奉祀，誕辰在農曆三月初三日。

（五）孚佑帝君　卽呂祖，又稱妙道天尊、純陽夫子、文尼直佛。一般理髮師奉爲先師，俗稱仙公。誕辰在農曆四月十四日。

（六）九天玄女　卽女媧娘娘，誕辰在農曆九月初九日。

（七）靈官大帝　又稱五顯靈官、五顯大帝、五行大帝、白顯大帝，多爲巫覡者所奉祀。誕辰在農曆九月二十八日。

（八）保生大帝　又稱吳眞人、大道公。臺灣府志載：「吳眞人名本，爲泉州同安白礁人，醫術如神。景祐二年卒。」臺灣多漳泉人，以其神醫，多建廟奉祀，誕辰在農曆三月十五日。

（九）五雷元帥　又稱雷公、雷神爺，相傳爲撲殺惡人及暴殄五穀者的神，民間多於農曆六月二十四日祭祀。

（十）張天師　卽後漢道士張道陵，相傳在四川成都鶴鳴山修眞。他的後裔居於江西龍虎山，以符咒樹立道教基礎，臺灣各地道士壇多奉祀，誕辰在農曆五月十八日。

臺省氣候潮濕，日據以前，醫術幼稚，瘟疫猖獗，民間盛行「建醮」送瘟的法事，都由道士設壇主持，這種法事，往往延續到數日之久。患病人的全家都須沐浴齋戒，虔誠祈神。這是道士爲民間「度生」法事中規模較大的一種。他如天花流行，祭禱痘神的法事，大致同此。

總之，道教在臺省地區，流傳很廣，可說已深入民間的各階層。表現於民間日常生活中最顯著的，就是冠婚葬祭和歲時祭祀的時候。全省所有寺廟，大多帶有道教色彩。單就玄天上帝的廟宇來說，卽達一百九十餘處之多，其他概可想見了。

2. 佛　教

佛教，於前漢末傳入中國，後漢明帝時，派蔡愔至印度求佛法，歸來建寺譯經，流布始廣。佛教的開祖，是釋迦牟尼。佛教之由大陸而傳入臺灣，遠在荷蘭人侵據以前。最初寺廟是由信徒所籌建，僧侶居住其中，只是守廟，並不布教；只是替民間辦葬儀，做功德，故不為民眾所重視。

清時，閩粵一代的移民，傳入南方佛教禪宗分派的臨濟宗及曹洞宗，當時的僧侶們，除了布教外，兼辦慈善事業。因此信奉的人漸多，佛教也就興盛起來。

臺省佛寺規模大的，設有禪堂，奉祀釋迦、觀音，而在後堂及側堂奉祀阿彌陀佛。信徒常修坐禪唸佛，與他人相會時互唸阿彌陀佛。其經典，朝課為楞嚴神咒、大悲心陀羅尼、般若心經等；暮課為阿彌陀經、西方發願文等。他如金剛經、楞嚴經、梁王懺、水懺等若干陀羅尼，也都經常唸誦。所有寺廟大多是福建鼓山湧泉寺或怡山長慶寺的僧徒所開拓，其傳燈概屬禪宗，其內容則傾向淨土宗而兼修坐禪及唸佛。一般和尚所謂「心禪行淨」，也就是「朝禪暮淨」。這與大陸南方佛教的教義可說完全相同，都是受明初雲棲大師「禪淨一致論」的影響。

茲將一般佛寺所供奉的佛像分別如下：

（一）觀音佛祖　就是佛經上的觀世音菩薩，俗稱觀音媽。農曆二月十九日是她的誕辰，六月十九日是她得道昇天的日子，九月十九日為她掛瓔絡的日子，各寺廟裏都有盛大的祀典。

(二)釋迦牟尼佛　俗稱如來佛，為佛教的教祖。農曆四月初八日，是其誕辰，俗稱浴佛節。

(三)阿彌陀佛　又稱無量壽佛，無量光佛。農曆十一月十七日，是其誕辰。

(四)地藏王　又稱地藏王菩薩、幽冥教主。俗傳他是統率陰間十殿閻羅王，檢察人間善惡，予以獎懲的佛。農曆七月二十九日，是其誕辰。

(五)清水祖師　俗稱祖師公。有顯應祖師、三代祖師、蓬萊祖師、普庵祖師之分。又有黑面、紅面、金面之別。閩屬安溪人頗多奉祀。農曆正月初六日，是其誕辰。

(六)定光佛　又稱定光古佛。福建通志載：「定光為泉州同安人，鄭姓，隱於武平縣南巖，淳化八年坐逝，年八十有二，賜號定應，後賜廟額曰定光院。閩屬汀州人多信奉之。農曆正月初五日，是其誕辰。

(七)藥師佛　就是藥師瑠璃光如來，東方淨瑠璃世界教主，發十二誓願，救眾生病患者。農曆九月三十日，是其誕辰。

3. 齋教

齋敎，是佛敎臨濟宗旁出的一派，卽所謂「在家佛敎」，敎義與佛敎無異。所不同的，就是信徒不出家，不穿僧衣，不剃頭髮，和一般俗人同營生業；但嚴守戒律，經常茹素，又與一般僧侶相同。齋敎傳入臺灣，始自明末進士張士郁。張氏流寓承天府（卽臺南），杜門齋戒，至九十九歲而卒。

清嘉慶以後，各地敎徒修建齋堂的風氣很盛，俗稱「菜堂」，稱敎徒爲「食菜人」，敎徒互稱「菜友」，男稱「齋公」，女稱「齋姑」。

齋敎有龍華、金幢、先天三派。龍華派的開山祖師爲明嘉靖年間的羅因。其十六代祖師盧普濤於淸道光年間，在臺南設立「德善堂」。金幢派的開山祖師，本是明代的王左塘。崇禎年間有蔡權其人，於臺南創設「愼德堂」，是爲臺灣金幢派之祖。先天派的開山祖師，原爲明代的徐錫。淸乾隆時，其第十三代祖師徐吉南、楊守一二人建立「西華堂」於四川，至咸豐十一年，始由第十五祖派下的黃昌盛傳來臺灣安平，創立「報恩堂」。

龍華派科儀中說：「紫竹黃根白筍芽，道冠儒履釋袈裟，紅蓮白藕綠荷葉，三敎原來共一家。」可知齋敎是儒道釋三敎合一的宗敎。故一般寺院齋堂，於奉祀佛像而外，往往雜有儒家，道教的神像神牌。

臺灣三大派別的齋教，其教義組織大致無甚出入，惟對臺省社會影響最深的，還是金幢一派。

金幢派之祖蔡權，字文舉，本是浙江寧海縣的一個魚商，萬曆四十五年，皈依開山祖王左塘門下的王祖亮為徒，就棄漁業爲齋教的教頭，世稱蔡阿公。天啓二年，先至福建莆田設堂，後因白蓮教作亂，渡海來臺，創立齋堂。齋友結盟哥弟，以四海皆兄弟爲宗旨，不論長幼、尊卑、貧富，有無相通，患難相助，疾病相扶持。基層齋友，多爲工人，次爲行商、農民。荷人據臺期間，此派齋教，極具勢力，所有經濟實權，幾乎都在他們掌握之中。因爲荷人與蕃族間的金融貿易，全賴他們教徒作媒介。當時有「荷人治城，漢人治野」的口號，所謂「漢人」，就是指這些教徒。可知當時的齋教，實具我國近代社會嚴密的組織。影響所及，甚至後來鄭成功攻臺之能迅速取勝荷人，與齋教組織的潛在力量，不無重大關係。

4. 宗教性的結社

臺灣本是明代遺臣有志之士反淸復明的根據地，後雖併入淸室版圖，民間思想活動，遭受清廷嚴密的壓制，惟蘊結於人心的民族意識，仍極强烈，始終未被消滅，一般志士，每藉宗教性的結社，從事反清的活動。

我國最早的革命團體，就是天地會，這是陳永華秉承鄭成功的遺意而創立。當明室淪亡，大陸志士隨鄭成功入臺，陳永華借歃血訂盟方式組織了天地會，又稱洪門，用「神道說教」，從事嚴密組織，推進革命工作。奉陳近南（陳永華的化名）爲「番主」，萬靈龍爲「大哥」（會首名稱），以天地爲父母，日月爲姊妹，世人稱爲秘密結社。他們吸收的分子，遍及三教九流，以崇奉玄天上帝爲題，聯絡會友。鄭成功領兵抗清之時，與諸人會盟，取萬人合心的意思，以萬爲姓。所以鄭氏部屬如郭義、蔡祿、張禮，稱爲萬義、萬祿、萬禮。陳永華承鄭氏的遺緒，取名萬靈龍爲天地會會首。天地會係由臺灣流傳到閩、粵、江、浙，更推展至贛、湘、川、滇、黔以及海外南洋、菲列賓等地。結納的人，多是江湖豪俠，以成仁行義互相標榜，發展至爲普遍。自清康熙二十二年領有臺灣以至光緒中葉，再由光緒甲午之役以迄臺灣光復之前，臺灣的民族革命運動，其目標，前爲反清復明，後爲抗日興臺，風起雲湧，迭興義擧，堅苦反抗。其中最著名的首領人物，如朱一貴、林爽文、莊大田、林石、戴潮春、唐景崧、丘逢甲、劉永福、羅福星等輩，以及後起的愛國志士，都是利用秘密結社，前後致力於抗清、抗日的活動，爲民族革命而奮鬪。凡所表現，悲壯忠烈，可泣可歌，平添中華民族革命史上最有光輝的一頁。

今洪門奉鄭成功爲武宗，史可法爲文宗。黃宗羲、朱舜水、顧炎武、傅青主、王夫之，稱爲洪門開山五祖。

5. 鄭成功的崇拜

鄭成功爲臺灣的開山祖，其豐功偉業，深入人心。三百年來一直受到國人的崇敬，幾乎被奉爲最高的神明。

明永曆十五年，成功自金廈率官兵兩萬五千餘人渡海，攻取臺灣，驅逐當時侵據已達三十七年的荷蘭守軍。一般居民，無論漢人，蕃人莫不衷誠愛戴。他的治臺方略，簡單的說，就是嚴申法紀，樹立政風；恩威並施，懷結生蕃；兵農合一，普設屯田；崇尚教化，大興建設。因此，漳、泉、潮、惠一帶的流民遺老，也都聞風而至，臺省儼然成爲海外一塊樂土，黃梨洲曾有一段稱許鄭氏的話：「立興法、辟刑獄、起學官、計丁庸、養老幼、恤介特、險走集、物土方，臺灣之人是以大集。」足見鄭氏經營之初，披荆斬棘，篳路藍縷。臺灣的開拓得有今天，不能不說是鄭氏的功績了。又吳子光鄭氏紀略：「成功之廟，在臺之郡城，香火甚盛，有明之碩果，我臺民實式憑之，我國家實嘉賴之。何則？開闢之功不可沒也。」臺省各地，立廟奉祀最爲壯觀的，要算臺南的延平郡王祠了。

清康熙二十二年，臺灣爲效忠滿清的施琅所攻陷，明祚遂絕。施琅入臺，卽備牲物，祭告於延平郡王廟道：「琅與賜姓，雖爲仇讎，情猶臣主。」並因天良激發，投地大慟。康熙三十九年，清廷追欽成功父子義烈，詔令歸成功父子靈柩於福建南安縣故里，爲置守塚，建主祠堂，歲時祭祀。清李振唐有詩云：「斑鳩聲裡喚春晴，綠水如環繞畫城；閒步夕陽村上路，家家疊鼓賽延平。」可見成功受臺民的崇拜了。

6. 吳鳳的崇拜

近三百年來，臺灣民間崇拜的對象，除了最著稱的鄭成功而外，就是吳鳳了。他的祖籍，是福建漳州平和縣。自幼跟隨雙親移居嘉義，在山地一帶經商，熟諳山地語言風俗，因他爲人誠懇厚道，所以很爲山地同胞所敬愛。

清廷於平定朱一貴之變以後，很想選任一個賢能的阿里山通事，從事綏撫山地工作，經過多方面的周咨博訪，才找得一位年僅二十四歲的吳鳳，任命爲阿里山通事。吳鳳以身教自勵，開誠心，布公道，勤謹愛民，極得治道的眞諦。

山地風俗，在每年的秋末，都要用人頭來祭穀神。常常就在蕃社一帶獵取過往的人頭，因此附近地方的漢人，遭受危害最慘。吳鳳痛憤他們這種殘暴愚蠢的行爲，立志革除惡俗，懇切曉以人道，囑將舊日變亂時所殺漢人的髑髏四十餘顆，每年限用一顆，不許再有任意殺人的情事。從此四十餘年，平安無事。直至乾隆三十一年，髑髏用罄，蕃人又向吳鳳索取祭神的人頭。起初吳鳳想用情理說服他們，接着又用法律恫嚇他們，這樣拖延了三年，恰遇年歲饑荒，蕃人以爲神怪下罪，也就不再聽從吳鳳的話了。吳鳳以自身所負教育安撫職責，竟然感化束手，內心極爲痛苦，於是決意以身殉職。乾隆三十四年八月十日早晨，吳鳳化裝穿着紅衣，頭戴紅帽，步行離家穿過山谷，走近社口莊時，蕃人割下他的頭，細加辨認，原來就是吳鳳。於是驚惶失色，恍然大悟，殺錯了人，做錯了事，大家都非常悲慟。從此以後，蕃人就立下誓願，廢止獵首祭神的惡俗。

嘉慶末年，通事楊秘受當地人民的請求，建造吳鳳廟，尊稱他為阿里山忠王。光緒十八年曾經重修廟宇，民國二年，又再重修一次，改稱成仁廟。民國四十二年，總統頒額「舍生取義」四字。吳鳳為了實現他最高的理想，不惜自我犧牲，以成仁取義的精神來改革惡俗，真不愧為儀型百世的仁聖。非但為臺省人民所頂禮膜拜，甚至日本小學國語中，也列有吳鳳行誼一課，足見吳鳳為世人所崇敬了。

7. 關公的崇拜

關羽，是三國時蜀漢的大將，字雲長。美鬚髯，武勇絕倫，好讀春秋，與劉備張飛結義桃園。初守下邳，為曹操所敗，先生投奔袁紹，而羽為操所得，優禮相待，封為壽亭侯。但羽拒不接納，封還印信，歸從先生；平定西蜀，督師荆州，大破曹軍。忠義大節，永垂青史，極為後世所崇敬。各地立廟祭祀，尊為關公，又稱關聖帝。

我國自唐代以來，奉祀關公的廟宇稱武廟，歷經宋元明清各朝，並不稍衰。臺省的奉祀關公，起自鄭成功時代，現在臺南關帝廟，就是鄭氏所創建。臺灣府志載：「關公廟一在鎮北坊，鄭氏時建，明寧靖王題額曰古今一人。」從此，各地相繼有了關公的廟祀。

清康熙四十三年，分巡臺廈兵備道蔣元焄爲撰增建武廟官廳碑記云：「於文廟以增其祀業冠裳之盛，於武廟以作其忠誠義勇之氣。」

明清以來，臺省陸續興建的廟宇，約有一百四十餘所，可見民間對於關公信仰的一斑。每年農曆五月十三日關公誕辰，民間虔誠膜拜，香火很盛。此外，一般以義相結的企業商人，因慕關公的忠義，每於營業處所設龕敬祀，奉爲保護之神。

8. 媽祖的信仰

聖女媽祖，在我國東南沿海各省民間，多信奉爲救苦救難的海神。從前由內地遷臺的人，往往捧持媽祖神像同行。在飄泊海洋途中，遇到驚濤駭浪的時候，只要祈禱媽祖，就能化險爲夷，求得內心的安慰。因此信仰的人，愈衆愈篤。郁永河海上紀略載：「海神，惟媽祖最靈，即古天妃神也。凡海舶危難，有禱必應。」

相傳媽祖是五代末福建莆田縣湄州嶼林惟慤的第六女。本名默娘，幼時資質慧敏，稍長喜誦經禮佛。十三歲時，遇一道人，接受了他所傳授銅符秘訣。十六歲時隨父兄渡河，中流覆舟，泅水救父，因此極有孝名。後又常於水患中拯人出險，並能驅邪救世，善心義舉，極爲鄉里愛戴。二十八歲歿爲海神，靈爽昭著。宋、元、明各廟，歷封爲天妃，淸代封爲天后，亦卽天上聖母的尊稱。明鄭和七次下南洋，都能順利航行，完成使命，自承全賴天后的護佑，足證鄭和對天后的崇仰了。福建民間，以親切的口吻，稱天后爲媽祖婆婆（閩語：媽祖，卽祖母之謂。）臺人之稱媽祖，蓋本於此。總之，我國人之對媽祖的信仰，乃爲中華民族向海外發展之一象徵。日據時期，臺人常有「拜媽祖，懷故國」的話，這也說明臺胞的信奉媽祖，還蘊蓄着民族思想，這是很可稱道的。

全省奉祀媽祖的廟宇，共有三百餘所，因爲所奉神像的來源不同，於是稱謂也稍有分別：由湄州媽祖廟分身來的，稱湄州媽；由同安縣分身來的，稱銀同媽；由泉州分香來的稱溫陵媽。所謂分身，就是捧持神像來的；所謂分香，就是捧持香灰來的。全省最著名的媽祖廟有三處，卽雲林縣北港的朝天宮，澎湖縣馬公鎭的天后宮、及北投的關渡宮。媽祖神像的供奉，除了專有的廟宇外，一般家庭及船戶也多虔誠奉祀，所以民間對於媽祖信仰的熱烈普遍，幾與觀音菩薩相等。三月二十三日，爲媽祖生辰，全省舉行祭祀，廟會極盛。

9. 有應公的信仰

「有應公」，是一種幽靈的崇拜，爲臺省特有的信仰。三百年前，大陸移民最盛的時候，許多是單身來臺，從事墾殖，就此老死異鄉。臺人憫念這些無主孤魂，特爲他們立廟祭祀。

所謂「有應公」，係取「有求必應」的意思。又稱「萬善同歸」。「公」，是男性的尊稱。對女性，則稱有應媽、聖媽、大衆媽等。通常指小祠內的無主枯骨爲有應公，而稱成羣的無主孤魂爲「萬善同歸」。

有應公廟，多建於山地、鄉村、田園路旁等處，因與坟墓關係密切，故在墓地附近爲最多。

有應公廟，因祀「金斗」（骨骸缸），亦稱金斗廟。又因所供奉的全是無主枯骨，故又稱大家祠、千家廟。

閩粵移民來臺的初期，大多不帶眷屬，輾轉各地，舉目無親，死後乏人照料，遺骨暴露，聽任風飄雨打，凄惻之情，令人不能無動於衷。當時官吏或以公費收殮，運籍歸葬，或由民間善士籌資掩埋。這也就是「有應公」迷信的開始。

收埋無主枯骨，本是人間美德，但因恐懼死者作祟，於是這種道義觀點與迷信心理合而爲一，以致對於枯骨發生一種神秘的觀念，也就造成到處靈驗，有求必應的傳說。

舊日醫術幼稚，民衆缺乏衞生知識，疾病多而醫士少。每遇疫癘流行，人力不濟，就只有從事迷信的祈求。有應公既是鄉人善士所收埋的枯骨，對於鄉人的祈禱，自無不應之理，於是致其虔誠於脫病消災的祈願，也就形成了迷信心理的必然發展。

10. 移民守護神的信仰

前面曾經說過，臺灣居民大多來自閩粤兩省，最初來的，就是福建漳泉人和廣東潮州人。他們來臺定居以後，不免都有血緣地緣的濃厚宗族觀念和鄉土觀念，各就同姓同鄉間相與結合。因爲大家都是離鄉背井，遠道渡海而來，所以他們結合得都很自然，都很衷誠，確實表現了出入相友，守望相助，疾病相扶持的團結互助精神。因而也建立了鄉土氏族關係和社會關係，以謀共同生活永久的發展。

由於先民迷信的習俗，他們也各奉其祖籍所共同供奉的鄉土神，作爲守護神。漳州籍的居民，就奉開漳聖王（陳聖王）爲守護神。泉州籍的居民，就奉廣澤尊王（郭聖王）、保生大帝（吳眞人）爲守護神。潮州籍的居民，則奉三山國王爲守護神。吳眞人精於醫術，濟世活人，民間又尊爲醫神。每年各守護神的誕辰，享祭極盛。又中州先民，奉保儀尊王與保儀大夫爲守護神。按保儀尊王與保儀大夫，就是唐代合守河南睢陽的張巡和許遠。二百多年以前，張氏族人，携像來臺，立廟供祀，至今香火不絕。

11. 城隍與土地的信仰

我國古時，向有社神的供奉。社神亦名土神。省、府、縣、里，各有等稱，省稱都城隍，府稱府城隍，縣稱縣城隍。縣以下的里神，則稱土地公。總之，等稱雖異，而職司則一，都是轄境以內護土之神。

國人信仰城隍，由來已久，清承歷代遺制，以城隍爲護國佑民的神，凡是地方官署所在的地區，必然也有城隍廟宇的建立。臺灣素稱難治區域，舊日官吏，往往利用民間迷信思想，假借神明，以求有助於吏治。因此，臺省歸入版圖之後，就於府治設府城隍廟。康熙四十七年，設臺灣縣城隍廟。康熙五十三年，臺灣知縣俞兆岳到任之初，即以「不貪財、不畏勢、不徇人情。」於城隍廟中宣誓自己的政見。其後，諸羅縣亦於康熙五十五年相繼建立了廟字。

乾隆二十一年，臺灣知府覺羅四明重修府城隍廟記云：「自入版圖後，人民輻輳，廬舍殷繁，儼然成大都會，而四時順，百物阜，災眚息，彰癉嚴者，賴城隍尊神主之。」可見清代統治臺灣的官吏，莫不信賴城隍的庇護。這種求助神明的吏治，本非現代政治所應有，故至民國肇興以後，政府提倡破除迷信，大陸各地以至臺灣，此一風氣，才算漸次革除。

但是民間對於城隍的信仰，仍然很盛，每年有迎神巡境的例典。一般迷信的人，每遇病患災厄，多往城隍廟祈禱；果獲平安，卽引爲神力護佑，爲了感恩報德，常在神駕巡境時，每人以紙枷套頸，作囚犯狀，徒步跟隨神輿。這是表示身遭災難，蒙神庇護，自認罪孽深重，實乃前世因果報應，懸枷示衆，藉消人世災厄的意思。

本省城隍大祭，每年農曆五月十三日舉行，迎神遊行，現已少見。臺北霞海城隍廟，香火最盛，善男信女，終歲拜拜不絕。

土地公，亦稱土地神。臺民信奉極爲普遍。無論城、鄉、里、社，以及陌路阡頭，隨處可見簡陋神廟的建立，大者土房一棟，小者石屋一座，俗稱土地公宮。民間以其造福鄉里，德澤萬民，尊稱爲福德正神。每年農曆二月初二日，爲土地神誕，城鄉各地，到處演戲盛祀，以娛土神，同時並以紙錢繫竹枝，插立田間，以爲奉獻，俗稱祭社。臺灣府志云：「山橋野店，歌聲相聞，謂之社戲。」用意都在娛神祈福。因爲農家力田爲生，終年辛勤，唯一心願，就是祈求土地菩薩的護佑豐收。故於二月二日春祀之外，每屆中秋，還有祭祀盛典，俗稱秋祀，古時所謂春祈秋報，就是指此而言。清鄭板橋作四時田家苦樂歌，內云：「紫蟹熟，紅菱剝；桃桔響，村歌作，聽喧塡社鼓，漫山動郭。挾瑟靈巫傳吉兆，扶藜老子持康爵。祝年年多似此豐穰，田家樂。」描述農村秋祀的盛況，於此可以想見一斑。

此外，土地公亦爲商人崇拜的財神。商家例於每月朔望的次日，都必備饌祭祀，俗稱做迓，又稱做福，就是迎接福運的意思。

第三節　巫覡與術士

1. 巫　覡

巫覡是專門爲人禱祝以求神明福佑的人，禱祝時，騰擲叫呼，爲舞降神，女的稱巫，男的稱覡。巫覡自以爲能作法術通神明，所謂呼風喚雨，預卜吉凶，符咒治病，召神附身，幾乎無所不能。一般鄉民，至今還很迷信，敬奉他們。無論醫病、祈福、求雨，都要請教他們。

巫覡約分鸞乩、童乩、法師、符師、紅姨等五種，他們的法術，不外召神、驅魔，附身與符咒，茲特別說明如後：

（一）鸞乩　臺省的鸞乩，是清光緒末年從大陸傳來，當時迷信的人，組織降筆會，又稱扶鸞會，假託神明下降，宣示神意，預言吉凶。

扶鸞大多在寺廟裏擧行，由善男信女籌款，建造鸞堂，奉祀玄天上帝、王爺、張仙帥等。神案前，置一方桌，桌上擺一沙盤，中放丁字形木架，頂端懸錐，兩人手扶橫木兩端，施用法術，請求神靈降臨，畫沙成文字，或示人吉凶休咎，或爲人開具藥方。最可笑的，凡有問神求醫，扶者往往假借神意，在沙盤中畫沙指示：應請東南方的郎中醫治，或說到某廟祈某神取香灰沖服。所言自多荒唐不經。

（二）童乩　童乩略似鸞乩，所不同的，鸞乩是藉扶乩示神意，童乩則直接以神附身，口作神語。愚民中有祈求治病的，就當衆採集草藥，授以醫治的方治；有祈求驅邪消災的，則自命爲某神，拔劍起舞，驅怪除邪，甚至揮劍自破其額，以針亂刺自己體膚；或堆柴爇火，踏焰而過，都絲毫不以爲意。

(三)法師　法師是協助童乩弄法的人，又稱法官，善符籙祈禳等術，常用符水爲人治病消災。作法時頭戴巾帽，披白衣；搖旗揮刀，擂鼓唸咒，這是表示神明，即將應召降臨。

(四)符師　符師是畫符驅邪押煞的法師，又稱符法師，所畫的符，有所謂「和合符」與「離散符」兩種。俗傳夫婦不睦時，妻以生辰八字告符師，請畫「和合符」，唸咒燒成紙灰，調入飲食，其夫食後，就可重修和好。又如夫有外遇，妻可請符師畫「離散符」，燒灰混入食物，使其情婦食下，就可使與自己的丈夫斷絕情感。此種迷信，民間受愚很深。

(五)紅姨　紅姨，俗稱女巫，又稱尪姨，專事玩弄巫術，自稱能作靈魂的媒介，爲人驅邪治病。無知愚民，稱呼爲「姨」，也有尊稱爲「紅姨媽」的。

紅姨大多是盲女，也有法師做她的助手，相互勾結，妖言惑衆。一般鄉村婦女，受欺騙的最多。

紅姨所作法術的大概情形，就是聚集問靈者和旁觀的人於一暗室中，圍桌而坐，桌上置香爐、燭臺、供饌等物。紅姨與問靈者正面對坐；法師立紅姨右側，代爲焚香燃燭，以黃紙錢點火，在紅姨面前上下閃動，口中念念有詞；紅姨靜坐，表示虔敬，稍後全身顫動，作神靈附身的狀態。

紅姨的巫術，大致分爲問神、牽亡、換斗、栽花、解厄等類。

(1)問神——例如信徒求治疾病，紅姨就以神佛自居，指示求醫方向，祈取何藥，如何飲服，並預言幾天後可以痊癒，與問靈者信口問答。

(2)牽亡——這是牽引死人的靈魂和生人對談的法術。紅姨取二、三尺長的繩絲一條，兩端穿針作結，一端插入死者的靈牌，另端插入自己的頭髮中，口唸咒文，呼請亡靈，不久亡靈附體，就和問靈的生人對話。亡靈自述生離死別悲怨之情，與家人欷歔對泣。這種法術，大都先由法師買通問靈人的鄰居，預先調查詳細情形，因此答問都能切合事實，令人稱奇不置。

(3)換斗、栽花——紅姨對於孕婦，往往任意斷言胎兒爲男性或爲女性。並常利用簡社會一般重男輕女心理，故意斷言為女性，招徠孕婦求用法術改換男胎，這就叫做換斗。所謂栽花，就是紅姨專為一般生理不健全的女子弄法，祈禱懷孕得子的騙術。

(4)解厄——一般迷信的人，總以為疾病災害，都是由於妖魔鬼怪在作祟。紅姨先問明病人生肖，譬如子年肖鼠，寅年肖虎，於是剪紙為鼠虎形狀，連同紙錢，桃枝或柳枝，合包，外捲黃色解厄紙，置於病人牀下，依照紅姨指示方向地點焚化，用以消弭病災。

以上所述，都是巫覡利用各種法術，作妖言惑衆，圖利自己的擧動，影響社會，自不待言。不過一般愚民的癡迷，實為造成這種迷信的根本原因。

2. 術士

術士是善方術的人。專以陰陽五行、生剋制化的道理，推知人事的一種法術，也就是古時所謂術數。社會上日常所見的術士，如堪輿師、看日師、算命師、卜卦師等都是。他們各以相地、相產、相面、相手、推命、擇吉、測字、預言為專業。茲特分別略述如下：

(一)堪輿師　亦稱風水師，託陰陽五行之說，為了興建寺廟、墳墓、住宅而選擇地相。

(二)看日師　又稱看日先生，專爲人家選擇婚嫁，喪葬以及其他喜慶吉日的人。

(三)算命師　又稱星士，依據星命之學，專爲他人推算運數的人。其方法是憑各人的生年月日，按天星運數，推算出禍福壽命等。

(四)相命師　亦稱相面師，爲人辨五官、體格、容貌、氣色，以斷定吉凶禍福。也有依憑摸骨而作論斷的。

(五)卜卦師　爲人預測將來的休咎吉凶。有的用米卜，有的用鳥卜，最普通的是用龜甲卜。

臺省各地，廟宇街頭，設攤懸牌，星相賣卜的，到處可見。各都市中，甚且還有不少命相家，闢室旅舍或自營屋宇，大事宣傳，以迎顧客。一般上流知識人士，竟亦不免惑於星命之說，趨之若鶩，誠覺無謂之至！

第四節　迷信雜俗

臺省民間迷信甚雜，一塊岩石生得奇特，以爲有神；一株樹木長的古老，以爲有神；颱風有風神，打雷有雷神；蛇有蛇神，鳥有鳥神。凡此自然現象、動物、植物、礦物，皆以爲有神靈而敬畏之。天旱了，則迎神求雨；人病了，則祈神保健。又有所謂婚喪中之迷信，節俗中之迷信，生命之迷信。茲舉其他迷信三事，以窺民間迷信之一班：

(一)養女之由於迷信者　(1)臺俗，生男育女，必求星士相命。星士推算其女之運數，如爲「媳婦仔」命，爲父母者惑於星士之言，恐親生女不能養育成長，乃給人爲養女。(2)臺諺有云：「鐵掃帚，剪刀片。」意謂掃清家產，剪斷財路。星士推算女兒有此命運者，爲父母的卽將其女給人爲養女，以爲可免遭破產的厄運。

(二)求籤詩　現神廟中，以詩爲籤語，謂之籤詩。禱者抽得籤詩，以卜吉凶。籤，用竹製，貯入筒中，放在神案上。每一竹籤，刻記號數。另備紙片，印上籤詩，編好號數，，以與籤符合，再彙起來掛在廟壁。禱者任抽一籤，以二杯筊擲地，觀其一俯一仰，以爲神諾，乃以籤對取籤詩，語多鄙俚。又有所謂藥籤者，將中藥方印成藥籤，附以記號，如同籤詩一樣。現在僻壤之地，仍有患病不求醫而問神託佛者。迷信之深入人心也如此！

(三)擲杯筊　禱者問卜於神，必以擲杯筊爲介。各寺廟及家庭中多備有杯筊。筊，用竹木削成，如灣月之形。杯筊有兩枚，外突內平，外稱陽，內稱陰。占時，則擲於地，一陽一陰爲聖，表示神明許諾之意。兩陽爲笑筊，表示神明冷笑，吉凶未明。兩陰爲怒筊，表示神明怒斥，凶多吉少。禱者有所祈求，先示答謝條件，擲杯筊以問神。及至如願獲償，乃擇吉履行條件，備禮告祭，俗稱謝神。祭時，亦擲杯筊問神，如得聖筊，則認爲神明對此表示滿意了。

臺省民間信仰與迷信雜俗，以上各節，均有所論述。感想所及，願在這節尾提出一個綜合的意見：

民間信仰，除佛敎、基督敎、天主敎、回敎外，其主要對象，約有百餘種，歸納言之，可類別如下：

一、有功德於民而爲人所崇拜者。

二、自我犧牲，成仁取義，而爲人所崇拜者。

三、富有忠孝節義的民族正義，而爲人所崇拜者。

四、基於血緣的宗族觀念與地緣的鄉土觀念，而奉氏族象徵與部族象徵爲守護神者。

五、爲向海外謀發展，求航行的安全，而奉幻想中之象徵爲呵護神者。

六、各行業之奉古人偶像爲保護神者。

七、由於社祀的傳統而信奉之社神。

八、惑於原始迷信心理而信奉之雜神。

此外，人人本於「愼終追遠」「報本反始」心理，而有祖先的崇拜。其眞諦所在，就是「表吾思親之心」。

臺省拜拜之風甚熾，舖張浪費，深爲世人所詬病。然就上述各類性質加以分析，信仰的對象既異，其實際的意義，自亦不同，未可一概而論。其爲景仰先賢豐功盛德，崇尚固有民族氣節，以及藉拜拜而具「洽黨閭」之功能者，政府視其性質，分別利導，使其合乎節約原則，簡化祭典，儘量改用簡單的紀念方式。一切迷信陋習，與巫覡的歛財惑衆，則應予以取締革除。而在社羣方面，本身應自發自覺，知迷而返；進一步的自覺覺人，發揮「社會價值」的效用。在教育方面，應積極設法提高人民文化的水準，力謀科學通俗的啓發，以助風氣的移易。最後，有一個遠景，憧憬在我們眼前的，就是社會型態的蛻變。這亦就是，一個農業社會，轉變爲工業社會。這種改變，會影響着人民生活的方式。由於人民生活方式的變換，社羣中原始殘留的心理狀態會起了變化，而民間不合軌範的生活習尙，自然趨於沒落了。

附錄二

臺灣神明及寺廟數表

——此表根據民國三十年調查資料而製之

神名	神之任務	臺北	新竹	臺中	臺南	高雄	臺東	花蓮	澎湖	計	備考
玉皇上帝	天神	四	五	七	五	一	|	一	|	二二	
孔子	至聖先師	二	三	三	一	一	|	|	一	二	屬儒學及各行職業者
福德正神	土地神（即護土神）	一三三	六五	二六三	一九八	七五	三	一	一	七四〇	
五穀大帝	農業神、藥神	一〇	一七	三	一八	一五	|	|	|	六	
天上聖母（媽祖）	海神	三七	二八	八〇	一〇八	五八	三	|	四	三一八	
水仙尊王（大禹等）	同右	一	一	|	四	二	|	|		一	
三山國王	潮州移民守護神	三三	一九	三四	一八	二八	一	|		缺	不詳
開漳聖王	漳州移民守護神	三〇	八	六	六	二	|	|		五二	

輔順將軍	開漳聖王之武臣	一	｜			｜	｜	｜	｜	五
輔信將軍	同右	｜	一			｜	｜	｜	｜	二
廣惠尊王	開漳聖王之文臣	一	｜			｜	｜	｜	｜	四
武安尊王	同右	｜	｜		｜	｜	｜	｜	｜	一
樹德尊王	同右	｜	｜	｜		｜	｜	｜	｜	一
里主尊王	同右	｜	｜	｜		｜	｜	｜	｜	一
延平郡王	開臺之主	一〇	四	三	二	三	｜	三	｜	五四
廣澤尊王	泉州移民守護神	三	四	五	一	六	｜	｜	｜	二五
保儀尊王	中州移民守護神	三	｜	｜	一	｜	｜	｜	｜	四
保儀大夫	同右	四	｜	｜	｜	｜	｜	｜	｜	四
楊五使（楊六使）	福建開拓之祖	｜	一	｜	二	｜	｜	｜	｜	三
靈官大帝	天神	二	一	二	二	｜	｜	｜	｜	七
五雷元帥	雷神	一	｜	一	一	｜	｜	｜	｜	三
關公	武神、商神	一八	二五	三	四八	二〇	｜	一	一七	一四五
韓文公	文神	｜	｜	｜	｜	一	｜	｜	｜	
文昌公	文神	五	五	一三	六	一	｜		｜	三二
孚佑公	同右	六	｜	｜	一	｜	｜	｜	｜	七
城隍爺	護土神、司法神	三	三	六	一〇	三	｜	｜	二	二七

護國尊王	護國神	一	一	一	二	一	一	一	一	三
靈安尊王（青山王）	司法神	一	一	二	一	一	一	一	一	五
東嶽大帝	陰問檢察	二	一	一	一	一	一	一	一	四
境主公	城隍之一	一	一	一	一	三	一	一	一	三
順王府、大王公	盡忠人士	一	一	一	一	一	一	一	一	二
岳飛元帥	忠臣	一	一	一	一	一	一	一	一	二
西秦王爺	演劇之神	一	一	一	三	一	一	一	一	四
田都元帥	同右	一	一	一	一	一	一	一	一	四
呂仙公	理髮之神	一	一	一	一	二	三	一	一	六
巧聖仙師	木匠之祖	一	一	一	一	一	一	一	一	一
瞿公真人	孝子	一	一	一	一	一	一	一	一	一
盤古公	開天闢地神	一	一	一	一	一	一	一	一	一
大夏聖帝	治水之神	一	一	一	一	一	一	一	一	一
武德尊侯		一	一	一	二	二	一	一	一	四
吳鳳公	仁聖	一	一	一	二	一	一	一	一	二
節婦孝子		二	一	一	一	一	一	一	一	三
各姓祖先		一九	一五	二	三	四	一	一	五〇	一三三
計		三三〇	二〇四	四八八	四七二	三八	七	六	七六	一、八八五
三官大帝	天地水之神	一六	三九	九	三	二	一	一	一	七九 屬道教者

太上老君	道家之祖	一	｜	一	｜	一	｜	｜	｜	三
張天師	道教之神	｜	｜	二	一	｜	｜	｜	｜	三
玄天上帝	北極星之神	一五	八	三二	九四	三二	一	｜	三	一九四
保生大帝（大道公）	醫神	一〇	三	八	六七	二二	｜	｜	四	一二三
中壇元帥	鎮壓邪鬼之神	四	｜	二	二九	一四	｜	一	六	五六
玄壇元帥	掌印之神	三	二	五	三	｜	｜	｜	二	一五
法主公	法力之神	三	一	三	三	一	｜	｜	｜	一一
臨水夫人	安胎保產之神	｜	｜	｜	二	一	｜	｜	｜	三
三仍夫人	同右	｜	｜	｜	一	二	｜	｜	｜	三
九天玄女（女媧娘娘）	香線之神	一	｜	一	一	｜	｜	｜	｜	三
元帥爺		一	｜	一	一八	四	｜	｜	｜	二四
許眞君	藥神	｜	｜	｜	｜	｜	｜	｜	一	一
衛府先師		｜	｜	｜	｜	一	｜	｜	｜	一
李府仙祖	乞丐之神	一	｜	｜	｜	｜	｜	｜	｜	一
蘇公眞仙		｜	一	一	｜	｜	｜	｜	｜	二
計		五五	五四	六五	二三一	七八	一	一	二七	五一二
觀音佛祖		五七	六七	五一	八二	五三	一	二	八	三二一 屬佛教者
釋迦佛		一三	一二	二〇	二〇	一五	｜	一	｜	八〇
清水祖師	水神	一四	二	二六	三	一〇	｜	｜	一	七五

三寶佛		｜	五	四	八	｜	｜	｜	｜	一七
地藏王菩薩	檢察善惡之神	二	二	六	二	｜	｜	｜	｜	一三
阿彌陀佛		三	一	一	二	｜	｜	｜	｜	七
伽藍尊王		｜	｜	｜	五	｜	｜	｜	｜	五
禪師公		｜	｜	｜	三	｜	｜	｜	｜	三
定公古佛		一	｜	一	｜	｜	｜	｜	｜	二
普庵眞人		四	｜	一	｜	一	｜	｜	｜	六
五公菩薩		｜	｜	｜	一	一	｜	｜	｜	二
法身歸		｜	一	｜	｜	｜	｜	｜	｜	一
天母佛祖		｜	｜	｜	｜	一	｜	｜	｜	一
彌勒佛		｜	｜	｜	｜	一	｜	｜	｜	一
蔡阿公		｜	｜	｜	｜	一	｜	｜	｜	一
百世祖		｜	｜	｜	｜	一	｜	｜	｜	一
石佛		｜	｜	一	｜	｜	｜	｜	｜	一
計		九四	八九	一二二	一四五	八四	一	三	九	五三二
王爺		一二	三五	一三六	一九四	五九	｜	｜	三六	四七二 屬雜教者
大衆爺	鬼將	二	八	一七	六	一	｜	｜	｜	四三
有應公	無祀之鬼	二	一三	三	二六	九	｜	｜	｜	七一
水流公		一	｜	｜	｜	｜	｜	｜	｜	一

金斗公		一	｜	｜	｜	｜	｜	｜	｜	一
萬善公	無祀之鬼	一	二六	二	四	二	｜	｜	｜	三五
義民爺		四	一〇	七	三	四	｜	｜	三	三二
將軍爺		六	｜	七	｜	二	｜	｜	二	一七
齊天大聖		一	｜	｜	｜	二	｜	｜	｜	三
註生娘娘	保育之神	一	｜	｜	｜	一	｜	｜	｜	二
大使爺		｜	｜	｜	五	｜	｜	｜	｜	五
大尉侯公		｜	｜	｜	一	｜	｜	｜	｜	一
本官公		｜	｜	｜	一	一	｜	｜	｜	二
太保公		｜	｜	｜	一	一	｜	｜	｜	二
樹頭公		二	｜	一	四	二	｜	｜	｜	九
石頭公		三	｜	四	｜	｜	｜	｜	｜	七
夫人媽		｜	一	四	四	一	｜	｜	｜	一〇
陳姑娘	養女之神	｜	｜	二	一	一	｜	｜	｜	四
太陽公	日神	｜	｜	｜	二	｜	｜	｜	｜	二
太陰娘娘	月神	一	｜	｜	一	｜	｜	｜	｜	二
三一教主		｜	一	｜	｜	｜	｜	｜	｜	一
七星娘娘		｜	｜	｜	三	｜	｜	｜	｜	三
黃狀元		一	｜	｜	｜	｜	｜	｜	｜	一
曹謹		｜	｜	｜	｜	一	｜	｜	｜	一

天媽王佛		—	—	—	一	—	—	—	—	一
山神爺		—	—	—	一	—	—	—	—	一
英濟夫人		—	—	—	一	—	—	—	—	一
馬公爺		—	—	—	一	—	—	—	—	一
敵天大帝		—	—	—	一	—	—	—	—	一
其他		三	三	七	二四	六	—	一	一	四五
計		六七	九七	一八九	二八五	九三	—	一	四三	七七五
合計		五四六	四四四	八五三	一、一三三	四八三	九	二	一五四	三、六三六

下篇目次

下篇插圖目次

（1）泰雅族男子面紋及其盛裝

（2）泰雅族女子面紋及其盛裝

(3)賽夏族男子面紋及其祭服→

(4)賽夏族老頭目與長子趙興華(前鄉長)及其家屬

(5)布農族男子及其盛裝

(6)布農族時裝婦孺

(7) 曹族老人及其盛裝

(8) 曹族少女及其盛裝

(9) 魯凱族少婦及其盛裝

(10) 卑南族頭目及女宗子

（11）排灣族貴族婦平裝及杵臼

（12）排灣族貴族新婦盛裝

(13)
排灣族頭目家男子及其服飾

(14)
排灣族頭目家女子與祖先柱

(15) 排灣族貴族家屋及其前庭

(16) 排灣族貴族家屋及其前楹木彫

(17) 阿美族男子祭時盛裝

(18) 阿美族女子盛裝舞蹈

（19）雅美族老人及其籐笠

（20）雅美族的彫舟出海

前　言

目前爲止，從事研究臺灣土著社會文化的專著，似乎還不多見。承何子星兄的邀約合作，撰寫本篇，於教學及調查工作之暇，費時半年以上，才算勉力完成。所有資料，多爲本人實地調查的記錄，也有若干未曾親歷其境的材料，則係採自日人可靠的調查文獻。

本篇之作，旨在闡明土著社會文化的基本特質，使讀者有一正確的概略認識。內容著重事實的敍述，文字力求簡明通俗，避免生疏的術語，附刊圖片，僅具代表性的資料，以助實際事物的瞭解。

惟有一點，作者於此不能不加說明，就是本篇所述土著社會的組織與文化，都以固有的現象爲主，對其一般演變情形，未加細敍。其實這些固有的文化特質，在日據後期卽有不斷的演變。光復後，尤以近五、六年政府積極推行山地生活的改進，收效更多。可能最近有些到過山地的讀者，會覺得本書所述與現狀觀感，不盡相符，好像故意暴露他們的落後狀態；其實不然，作者願就此點略申粗淺的意見：

一、土著社會一般的生活水準，最近五、六年來雖已普遍的提高；但我們仍然可以淸晰辨認出其固有特質。可知目前的改進，還未達到水乳交融的自然程度。況且各山地鄉村生活改善進程中所表現的新事象，極不一致，不能僅憑一村一社的事象，即可作爲某族所到達的共同文化水準。果如是，不啻爲管中窺豹，只能見其皮毛之一斑了。因此，作若有個譬喻：我們如以中國文化介紹予人，與其講述新受洋化的局部現象，倒不如把道地的傳統文化全盤托出，使人瞭解得更爲眞切。

二、臺灣土著社會僥幸的能保持了常久的孤立，沒有受到印度及回教文化的波及。就是數十年來所受日本與後期中國文化的影響，也不過是表層部分。因此，能把許多古老土著的文化遺產保存下來，對於認識整個東南亞以及中國南方的古文化，實爲非常珍貴的寶藏。

三、從學術文化與民主思想的立場言，認識一個民族文化的原型是一種需要，也是一種驕傲，絕不會因暴露了某一民族的固有文化狀態而傷害到該民族的自尊，或阻礙其進步的前途。不然，我們的山海經和竹書紀年一類古籍，早應付之一炬了。

入國問俗，入鄉問禁，固爲民族接觸的要訣；即如地方的立法與建設，亦須對於每一地區的固有文化基礎，作較深入的認識與估計，則本篇誠亦不無足資參考的價值，讀者勿以言多俚俗，而視爲蠻荒奇談可也。

本篇挿圖，照片部分承友人張才、陳奇祿、何廷瑞、唐美君、任先民諸同好，慨賜底片、樣張，或代搜尋舊檔資料，裨助甚多；鋅圖部分承莊德和君代爲繪製底圖，爲本書讀者增加興趣不少，均此謹表謝忱。

衛惠林　民國四十五年夏

下篇

衛惠林著

第一章　土著族族名與族羣分類

第一節　土著諸族之通名

臺灣土著諸族在中國文獻中舊稱東鯷或曰東番，清代以來，通稱土番或番族(註一)，日人據臺以後，初沿用番族舊稱，唯改「番」爲「蕃」，日據後期，更改稱爲高砂族，乃根據日本古典(註二)，不足爲訓。光復以後，國人襲用日人遺名，稱土著族爲高山族，後改稱山地同胞。沿用至今，其實皆欠妥當，因土著諸族中，有平埔番或稱熟番者，固大部居於平野，東海岸之阿美族(Ami)，卑南族(Puyuma)亦從未住山地。而蘭嶼之雅美族(Yami)更住在蘭嶼環海地區。此等土著族人口總數，更多於居住山地各族。如對他們概呼之爲山地同胞，殊不合理。依理應照我國邊疆民族稱謂慣例，不妨仍用番族舊稱；惟日人爲他們改稱高砂族時，曾留下一些惡意的誤解，謂番字有輕蔑遠族之意，爲避免此種誤解，我們不如採用稗海紀遊「臺民之土著」，以「土著」爲通稱，似可名實相符。蓋事實上土著諸族，本來非單一民族，各族各有其獨立的語言文化，政治上各不相屬，在各族土語裏都沒有一個可以概稱諸族的通稱。相反的，他們以往對其鄰族長久保持着敵對態度，對隔開較遠的異族毫無認識。唯大體上他們的血統，同屬於原馬來人（Proto Malay）系統，其語言同屬於馬來泡利奈利安(Malaio-Polynesian)語族中的印度奈西安亞族（Indonesian）；其文化屬於東南亞文化圈或印度奈西安文化系統（Indonesian Cultural System），已爲世界學者公認的事實。他們都是明清之交漢人大量移民到臺灣以前，生活於臺灣島上的土著，所以用臺灣土著族或土著諸族之通稱實較適當。

（註一）漢書地理志曰：「會稽海外有東鯷人，分二十餘國」似指臺灣，明周嬰遠遊記有東番記。稗海紀遊曰「臺民之土著」，曰「土番語言與中國不通」。

（註二）明萬曆間日本將軍豐臣秀吉征韓時作書託貿易商原田往呂宋之便，促臺灣入貢時，稱臺灣爲高山國，異國渡海朱印帳，記有高砂國。

第二節　族羣分類

臺灣現在之土著諸族共約二十萬人。其中約半數分佈在中央山地，半數分佈在淺山、平原、海岸與島嶼。其中約五萬人稱爲熟番或平埔番者，多數已經漢化，與漢族雜居，少數尚維持其聚落單位，在文化上亦已失去其原始形態。其尙保持其原來的生活方式與文化特質者，在山地約十萬人，在東部海岸約五萬人。

對於這些土著族試作學術性之有系統的分類，始自日人。日人據臺後不久，即着手番地調查的伊能嘉矩、粟野子之丞二氏合著的「臺灣番人事情」（一八九九），可以說是第一部臺灣土著族的民族學報告：此書中提出了第一個較爲完全的分類。分臺灣番人爲泰雅（アタイセル）、布農（ブオヌム）、排灣（スパヨワン）、澤利先（ツアソセン）、卑南（ピウマ）、及阿美（アミソ）。平埔番各族與雅美（ヤミ）族來列入。達維德孫（Davidson）（註一）與戴尼凱J. Deniker（註二）皆採其說。其後未久鳥居龍藏氏發表一本法文圖誌（註三）建立了一個新分類，分土著爲九族，即 Atayal, Bunun, Nitaka, Sao, Tsalisien, Paiwan, Puyuma, Ami, Yami。比伊能粟野的分類，增加了日月潭水社 Sao 與蘭嶼之 Yami 族。一九一一年日本殖民政府（之番務課曾編印了一本英文報告，大體根據伊能粟野分類，及鳥居分類略加修正，增加賽夏(Saisiat) 族，刪除了 Sao，建立了最初的九分法。一九一二年被稱爲「日本番通」的森丑之助氏建議殖民政府將澤利先、排灣、卑南三族合為一族，改為六分法。賽夏族編為平地，初未列入，後來再列入，成為七分法（註四），是即日據時代一直採用之為官方分類。光復後我國政府亦承受此分類法，直至於今。以上分類大體已根據實地調查的結果。其缺點是族與族間之關係全未予以注意，故其分類還只是列舉式。舊慣調查會的番族報告書（一九一五——二二，佐山融吉）及番族慣習調查報告書（一九一五——二一，小島由造），大體依據森丑之助的分類，加上賽夏族與泰雅族之賽德克族羣成八分法，亦應歸屬於此期分類中。

臺灣考古人類學系前身，日本臺灣帝大土俗類學教室移川子之藏教授及宮本延人、馬淵東一，根據其多次調查族羣系統的資料，發表了一部臺灣高砂族系統所屬の研究（一九三五），分臺灣土著為九族，大體上恢復了「臺灣總督府番務課」英文報告所用九分法之舊觀，惟改幾個新的族名，改稱澤利先為魯凱(Rukai)，卑南為 Panapanayan，阿美為邦則 (Pangtsah)，其最大貢獻，是對於族以下的族羣給與了很清楚而完全的分類。小川尙義氏在其高砂族傳說集緒論中，對土著族語言的分類為十二羣及平埔番六羣既如前述，其對族間分類，實際上與移川相接近，僅自泰雅族中分出 Sedeq，自曹族中分出 Saʔarua 與 Kanakanabu而已。

淺井惠倫氏在一篇關於蘭嶼雅美族的語言研究論文（註五）中，曾提出一個五羣、十族的較複雜的系統分類如下：

- (一) Northern Group（北部羣）
  - (1) Original Atayal（泰雅族系）
    - Atayal Proper（泰雅本族）
      - Taikei-Dialect（大溪方言）
      - Taiko-Dialect（大湖方言）
      - Bunsui-Dialect（汶水方言）
      - Hakku-Dialect（白狗方言）
      - Bandai-Dialect（與 Sedeq 族混淆）
    - Sedeq（賽德克族）
      - Taroko-Dialect（太魯閣方言）
      - Musha-Dialect（霧社方言）
  - (2) Saisiyat（賽夏族）
- (二) Bunun Croup（布農羣）
  - (3) Bunun（布農族）
    - Northern-Dialect（北部方言）
    - Central-Dialect（中部方言）
    - Southern-Dialect（南部方言）

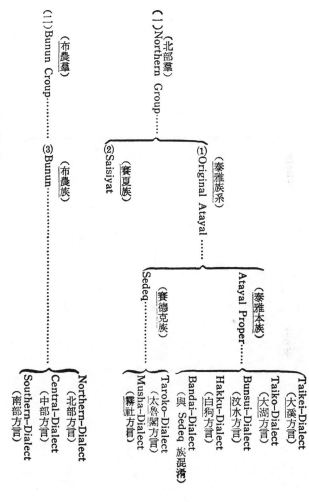

- (三) Tsou-Paiwan Group（曹、排灣羣）
  - (4) Tsou（曹族） …………
    - Arisan-Dialect（阿里山方言）
    - Rufutu-Dialect（魯富都方言）
  - (5) Original Sa'arua Kanakanabu（沙阿魯阿族、卡那布族） …………
    - Sa'arua（沙阿魯阿）
    - Kanakanabu（卡那布）
  - (6) Original Paiwan（排灣族系） ……
    - Paiwan Proper（排灣本族） …
      - Southern Dialect（南部方言）
      - Central Dialect（中部方言）
      - Northern Dialect（北部方言）
    - Puyuma（卑南族）
  - (7) Original Rukai（魯凱族系） ……
    - Rukai Proper（魯凱本族）
    - Taromaki（大南族）
    - Toruluka-Kogadavanu（瑪雅多納族）
    - Mantaulan（曼多蘭族）
- (四) Ami Group（阿美族羣） …………
  - (8) Ami（阿美族） …………
    - Northern Dialect（北部方言羣）
    - Central-Dialect（中部方言羣）
    - Southern-Dialect（南部方言羣）

(巴丹羣)

- (五)Batan Group…………
  - (9)Bantan Proper (Philippine Islands)(巴丹本系)
  - (10)Yami(雅美族)

此種分類，在基本單位上與移川氏的九分法非常接近，唯對卑南語則未予以獨立地位，而認其爲排灣羣之亞羣，其將雅美語與巴丹相連在一起。尤其把曹系語言與排灣合爲一羣稱，當否尚有討論餘地。其在族以下方言羣之分類與移川等社羣單位也很接近。總之，他的複級分類法是一個新的嘗試，予後人以相當的啓發。

鹿野忠雄在一九三九年曾提出一類似淺井氏的複級分類(註六)，其根據資料涉及種族、語言、文化之廣泛基礎，其分類表如下：

- (一)泰雅族 Atayal
  - (1)泰雅亞族 Atayal
    - ①薩卡武羣(溪頭番、南澳番)
    - ②大嵙崁羣(屈尺番、大嵙嵙前山番、馬利考溫、奇那濟、馬武督、梅卡朗、上坪前山、後山番)
    - ③大湖羣(鹿場番、汶水番、大湖番、北勢番)
    - ④賽考列克羣(白狗、拜巴拉、馬來巴、薩拉冒、西卡瑤、南勢、萬大)
  - (2)賽德克亞族 Sedeq………
    - ①西賽德克羣(霧社、道澤、多羅閣)
    - ②東賽德克羣(太魯閣、東勢、木瓜)
- (二)賽夏族 Saisiyat…………………
  - ①北賽夏羣
  - ②南賽夏羣

- （三）布農族 Bunun
  - ①北布農羣（卓北番、卡社番）
  - ②中布農羣（丹番、巒番）
  - ③南布農羣（郡番）
- （四）曹族 Tsou
  - (1)北曹亞族（魯富都、達郡、圖富雅、伊姆茲）
  - (2)南曹亞族
    - ①四社羣（四社番）
    - ②簡仔霧羣（簡仔霧番）
- （五）排灣族 Paiwan
  - (1)魯凱亞族 Rukai
    - ①下三社羣（下三社番）
    - ②西魯凱羣
    - ③東魯凱羣
  - (2)排灣亞族
    - ④西排灣羣
    - ⑤切敖保保爾羣 Chiobot Tsapotek
    - ⑥東排灣羣 Pakorokoro
  - (3)斯卡羅卡羅亞族 Skarokaro
    - ⑦拍利達利達散羣 Paridaridao
    - ⑧東部海岸羣
- （六）卑南族 Puumya
- （七）阿美族 Ami
  - ①北阿美族（南勢阿美）
  - ②中阿美族（秀姑巒阿美、海岸阿美）
  - ③南阿美族（卑南阿美、恒春阿美）
- （八）雅美族 Yami

鹿野氏的分類，無疑是比較進步的新案，其最大貢獻是其對於排灣、魯凱兩族關係之修正，因爲在文化特質上，兩族並無什麼基本差異，其關係僅等於泰雅族與賽德克族間之距離。比阿里山曹與卡那布、沙阿魯阿之差異更少。惟鹿野氏尚未指出各族間的文化類緣關係而建立比族羣更大的單位。其分類所根據的基礎雖廣大，但並不淸晰，玆依愚見作更進一步之修正如下：

(一)北部諸族 (Northern Tribes) 以埔里花蓮線以北之北部山地爲分佈範圍，以紋面、織貝、祖靈崇拜等爲共同文化特徵：

- (1)泰雅族 Atayal…
  - ①泰雅亞族 Atayal (Proper) ……
    - a. Sekoleq 羣
    - b. Tseole 羣
  - ②賽德克亞族 Sedek ……………
    - c. 東 Sedek 羣
    - d. 西 Sedek 羣
- (2)賽夏族 Saisiat ……………………………
  - a. nai kirapa 羣或 Saisirat 羣
  - b. nai mahahjobon 羣或 Saisijat 羣

(二)中部諸族 (Central-Tribes) 以父系外婚氏族及母族尊重、皮帽、皮套袖套褲、皮革鞋、護陰袋爲其共同文化特徵。

- (3) 布農族 Bunun
  - a. 卓社羣 Take Todo
  - b. 卡社羣 Take Bakha
  - c. 丹社羣 Take Vataŋ
  - d. 巒社羣 Take Banuað
  - e. 郡社羣 Isi Bukuŋ
- (4) 曹族
  - ① 阿里山曹亞族 Arisan Tsou
    - a. Tapagu–Tufuja 羣
    - Lufutu 羣
  - ② 卡那布亞族 Kanakanabu
  - ③ 沙阿魯阿亞族 Saʔarua

（三）南部諸族 (Southern Tribes) 以貴賤階級及貴族之土地特權，雙系宗族、蛇崇拜、太陽崇拜、喪服、琉璃珠 (eye bead) 花環頭飾，木石雕刻尤其祖先像獨石，芋之栽培與燻製爲共同文化特質：

- (5) 排灣族 Paiwan
  - ① 魯凱亞族 Rukai
    - a. 下三社羣 Tororuka-kongatawanu-oponohu
    - b. 魯凱羣 Rukai
    - c. 大南社羣 Taromak
  - ② 排灣亞族 Paiwan (Proper)
    - a. Raval 羣
    - b. Butsul 羣
    - c. Pakarokaro 羣

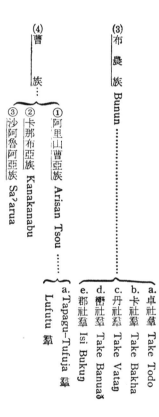

(四)東部諸族 (Eastern Tribes)　以母系親族、年齡階級、燒疤紋身、多會所、海漁爲共同文化特質：

(6)卑南族 Puyuma (知本、卑南、呂家、射馬干等八社)

(7)阿美族 Ami ……………… { a. 北部羣 (南勢阿美)　b. 中部羣 (秀姑巒及海岸阿美)　c. 南部羣 (卑南及恆春阿美) }

(五)蘭嶼羣土著族　以漁團組織、棕櫚布、銀飾、土偶、獨木笠或銀盔、籐甲胄、無袖胴衣、水芋栽培、拼板彫舟、爲文化特質。

(8)雅美族 Yami (西岸 Imourod 等三社，北岸 Iraralai 社，東岸 Iranumilk 等二社)

此分類的第一級單位是以文化類型爲基礎。第二級單位是最基本的，爲自然民族羣(Ethnic Group)，有種族、語言、文化的三重基礎。第三級單位爲第二級之次級單位，其性質大體相同。第四級單位爲方言羣與社羣。爲說明此分類之性質，可以提出以下三個事實作爲複證：

(1)地理關係——各族大體各據一個毗連的生活空間。分散在隔離地區的現象，只是後期現象，且由於强制執行的結果。

⑵歷史關係——各土著族間與族內的關係，大概皆有種族羣與部落羣的起原傳說與移住傳說可以佐證。其我羣彼羣之認識相當清晰。

⑶社會關係——各族羣內皆可以找出其獨特的社會組織形態，在區域單位內，並能找出若干實際社會關係，如部落同盟、祭團、獵團等組織關係。

（註一）Davidson J., The Island of Formosa, 1903, p. p. 560—594。
（註二）Deniker j., Les Races et les Peuples de la Terre, 1900, p. p. 452—453。
（註三）Torii R., Etudes Anthropologigue, Les Aborigenes de Formosa. 1910. p. 13。
（註四）森丑之助：臺灣番族，三省堂日本百科大辭典第六卷，一九一二年。
（註五）Asai E., A Study of the Yami Language, 1936。
（註六）鹿野氏之論文先發表於日本拓殖學報季報第二卷四號，後又修正刊入東南亞民族學先史學研究第一卷。

第三節　番地番界與土著各族的住區分佈

土著諸族因漢族自西部平原漸向淺山部分開發，曾發生過民族間長期的土地爭執，直至清季爲止，漢族發展始終止於中央山地之西麓及東南海岸。整個中央山地與東海岸之大部，爲土著族住地，清初以來稱爲番地。清康熙間在番地沿邊，每隔數十里立石爲界，以隔絕番漢，稱爲番界。清季以來，更在山險之地，設隘置兵駐守曰隘勇線，以防番人出山殺掠漢民。日人亦襲用清制，在番界要地，設警管制，以隔絕番漢往來。這種人爲的封鎖線，今日反成限制漢人向山地發展，以保護土著族利益之疆界。現在山地管制線，北起屈尺，南達恒春，西面沿所謂番界嶺，阿里山脈之一連串斷續山脈，東面沿中央山脈之東麓。西部平原以東五百公尺以下之丘陵地，及東極海岸之海岸山脈，則劃在番界以外。海上的蘭嶼亦劃歸番界。所應注意者，山地線以內固屬土著族之天地，唯亦有若干漢人寄住其間。山地界以外之淺山及海岸，尙有半數以上土著族之人口。蓋平埔各族與阿美族、卑南族及賽夏族之大部，皆在番界以外。住在番地者實僅泰雅、布農、曹族、魯凱、排灣五族之全部及賽夏之一部。雅美族則孤懸海上，與臺灣本島隔絕不通。山地以內自臺島南北兩端，縱列着阿里山脈、新高山脈、及中央山脈，高度在五百公尺至四千公尺之間，連峯叠障，激流深林，乃土著諸族生息之地。

各族聚居之地域單位，舊稱番社。番社爲理藩行政之自治單位，而非土人原有之部落單位。其構成的性質，大體可分爲三類：第一類與土人原有之部落組織相一致，如阿里山曹族、阿美族、卑南族之社卽屬於此類；第二類是以土人之血緣團體或祭祀團體相一致，如泰雅族與布農族之若干社，屬於此類；第三類爲純地緣團體性質，由一部落之若干氏族分子或小祭團合爲一社，如布農族與賽夏族之社多屬於此類。

若干同族或友族之社，分佈於同一山區或流域者構成一更大之單位，卽清代以來所謂某番，或社羣如阿里山八社等之單位。其性質大體相當於族羣 (Ethnic Group) 以內之地區羣 (Territorial Group)，其最大多數得名於地名，如南澳番，溪頭番之類；少數得名於族名，如太魯閣番、傀儡番之類；亦有取名於部落之名與數者如四社番、八社番等卽其例。惟此類單位與土人之族類系統與部落組織亦常不一致，乃由民族接觸關係所構成的半自然，半人爲的單位。各族之族羣與社之分佈情形，大體如下：

（一）泰雅族　約有番社一百二十，人口三萬八千。其分佈區域，據有埔里線以北之北部山區，包括濁水、北港、大甲、大安、後壠、大嵙崁、大濁水、達奇里、木瓜諸溪流域，其垂直分佈在三百公尺至二千公尺之間。現分屬於臺北縣之烏來鄉，桃園縣之復興鄉，新竹縣之尖石鄉、五峯鄉，苗栗縣之大安鄉，臺中縣之和平鄉，南投縣之仁愛鄉、信義鄉，花蓮縣之秀林鄉，宜蘭縣之太平鄉與南澳鄉。

(二)賽夏族　有番社十二個，人口一千六百。其分佈地區在泰雅族住地西南沿邊之加裏山與五指山區，其垂直分佈，在五百公尺至一千公尺之間。現分屬於新竹縣之五峯鄉與苗栗縣之南庄鄉。

(三)布農族　約有番社六十個，人口二萬。其分佈地區，遼濶而分散，北起霧社以南之干卓萬社，南達旗山以北，西與賽夏族和阿里山曹族爲隣，東達中央山脈之東麓及大麻里一帶之東海岸爲土著諸族中活動力最强，移動率最大，最適於高山性氣候之一族，其垂直分佈在五百公尺至二千公尺之間。現分屬於南投縣之仁愛鄉、信義鄉，高雄縣之雅爾鄉、瑪雅鄉，臺東縣之海端鄉、延平鄉，花蓮縣之萬里鄉、卓溪鄉。

(四)曹族　有番社十八個，人口約二千六七百。其分佈區域，可分爲南北兩部，北部以阿里山區爲中心，占有曾文溪上流及陳有蘭溪左岸楠子脚萬臺地之一部。南部在下淡水溪上流，荖濃溪及楠梓仙溪流域。其垂直分佈在五百公尺至二千公尺之間。現分屬於嘉義縣之吳鳳鄉，南投縣之信義鄉與高雄縣之雅爾、瑪雅兩鄉。

（五）魯凱族　有番社二十個，人口六千，居於阿里山新高山迤南，大武山迤北之山地，下淡水溪上流之濁口溪、隘寮溪及大南溪流域。其垂直分佈，在五百公尺至二千公尺之間。現分屬於屏東縣之三地、霧台兩鄉，高雄縣之多納鄉，及臺東縣之卑南鄉之大南村。

（六）排灣族　有番社約一百六十個，人口三萬。其分佈區域，北起大武山地，南達恒春，西起隘寮至枋寮一線，東至大麻里以南之海岸的銳角三角形地區，其垂直分佈自五百公尺至二千公尺。現分屬於屏東縣之三地、霧台、瑪家、泰武、來義，春日，獅子，牡丹等鄉及臺東之金山鄉、達仁鄉與大麻里鄉。

（七）阿美族　有番社一百零九個，人口五萬五千，其分佈地區，自花蓮港至臺東沿海地區。南起臺東縣之大麻里鄉，北至花蓮縣的新城鄉，即臺東縣屬海岸區的十一個鄉鎮，花蓮縣屬的秀姑巒溪與海岸的十二個鄉鎮，都以阿美族爲主要住民。

（八）卑南族　番社八個，人口約五千五百人，其分佈地區在阿美族之南，卑南溪以南，知本溪以北之海岸區域，即臺東縣之卑南鄉。

（九）雅美族　有番社六個，人口約一千六百，定居於蘭嶼島上之濱海地區。現在編為臺東縣之蘭嶼鄉。

臺灣土著諸族分佈圖

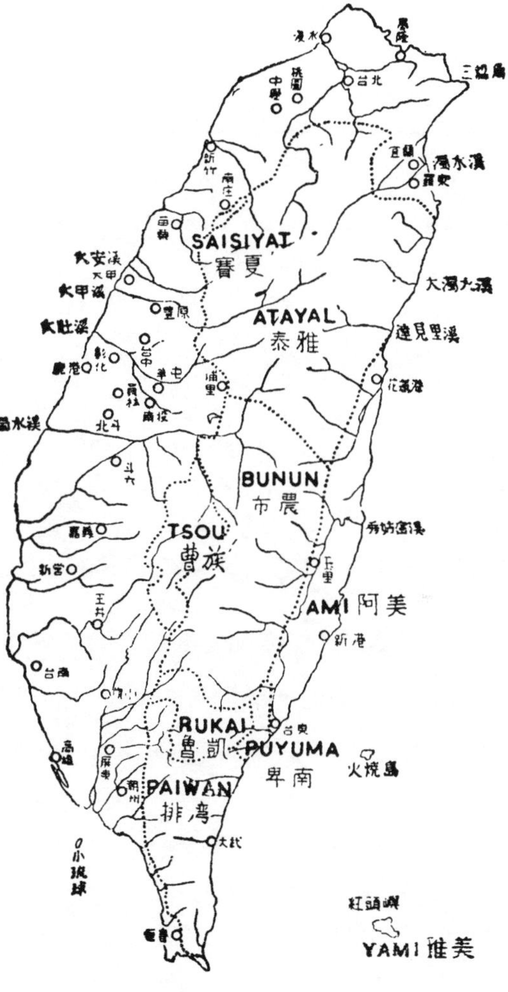

第二章　農、獵、漁、畜與工藝製作

第一節　農耕

臺灣土著各族，除蘭嶼之雅美族漁業重於農業以外，大都是農業而兼漁獵。山地各族鍬耕火種，山田粟作。既罕用耕牛，亦不知施肥灌溉之法。依舊日習慣農耕爲女性之工作，男子則從事於狩獵，惟現在則男女共耕習以爲常，不過女子在田間的時間仍較男子爲多。農具非常簡單，古時大概只有掘杖手鍬。掘杖之原始形制以木杖之一端削尖卽成。手鋤以ㄱ形木枝爲柄，以稍稍彎曲之狹長鐵片用籐皮縛在彎柄上。掘土鋤草悉用此物，古時無鐵片，他們曾用鹿角，石斧縛於木柄上作鍬。阿里山曹族還有一種全木製的手鍬。此外各族共同使用的農具只有直柄鐮刀，刀的下端爲直形，僅上端向內方彎曲成彎刃。鐮、钁、等都被用作農具，但這些都是從漢族採借的。泰雅族還使用小手刀收穫，此當爲土著族的原始農具，石刀或貝刀之遺型。

作物的種類，各族多寡不同，惟粟、黍、稗、旱稻與薯芋為各族共同的基本作物。大體

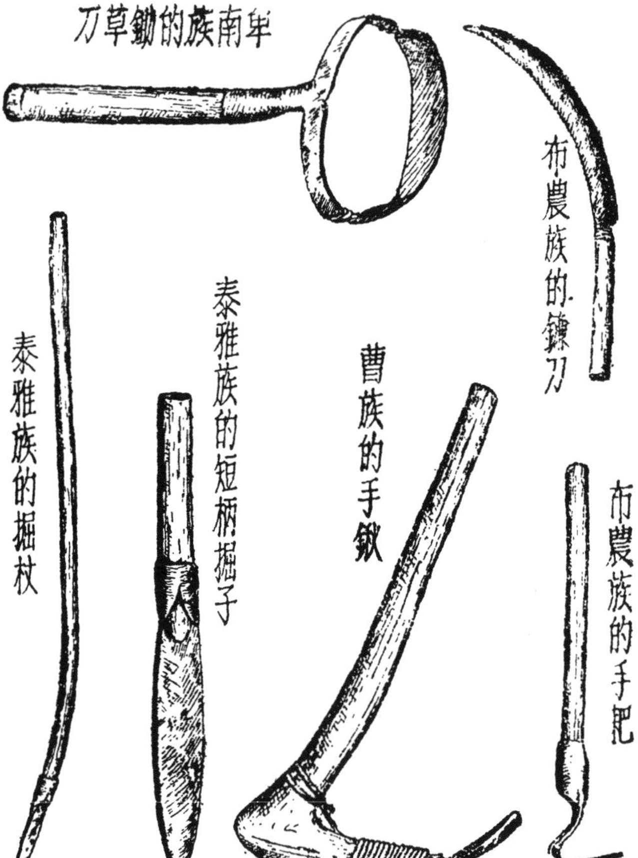
卑南族的鋤草刀
布農族的鐮刀
布農族的手耙
曹族的手鍬
泰雅族的短柄掘子
泰雅族的掘杖

山地各族皆以粟與旱稻、薯芋並作。淺山區域則以水稻與旱稻並作，水田區域續有發展。至於玉蜀黍、花生、薏米、樹豆、豌豆類等雜糧之種植亦甚普遍。苧麻、煙草各族也普遍種植，以爲製煙績麻之用。蔬菜、菓樹及工藝原料、園藝等各族都有一點，但其種類多少頗有差異。惟葱、韮、薑、辣椒、南瓜、香蕉、棕櫚、木瓜、籐、竹、藺草等物各族都有，且在發展之中。

開墾山田，古時用倒樹燒山法，以草木之灰爲肥田之用，以鍬钁翻土，以木椿竹柵插置急坡處，藉以保存水土。耕種數年後地力用盡，就休棄了讓草木叢生以養地力，再過數年復可以再用燒墾法重復使用。

同一塊土地上，每年大致播種收穫兩次，時常用混播間種方法，使一年中地上經常有作物生長。十二月至一月爲開墾作田期，二月至四月爲第一次播種期，六七八月爲第一收穫期及第二次播種期，九、十、十一月爲第二次收穫期。

第二節　狩獵

狩獵在臺灣山地是僅次於農耕的生產方式，在他們的觀念中，仍以狩獵是男子的本份工作，而農耕爲女人的本份工作。雖然現在男子已經參加農田工作，但他們一到農閑季節卽相率入山狩獵。最主要的祭儀前後必有狩獵。卽東海岸之阿美族與卑南族每年亦有一兩次儀式性的團體獵。

出獵在各族都認爲是一種聖潔的行爲。出獵前必守戒禮，家有喪事或孕婦者禁忌出獵。行獵前先作鳥占、夢卜，以卜吉凶。途中遇蛇認爲不祥，卽中止出發，否則認爲將有凶險發生。獵具不許女性撫觸。家屋內或男子公所必掛有置獵獸頭骨，以爲聖物。

狩獵方式分集團行獵與個人行獵二類。以前者爲基本方式，個人行獵亦多遵受着共同的規則，獵獲物常以大部贈與族人，而自留頭、骨、皮、角。獵場大概屬於部落氏族或祭團，而無屬於個人者。獵場有一定之區域，或以天然的山峯、溪流、岩石爲界限，或疊石壓茅草爲界標，以示不能自由踰越。

狩獵的技術，可分以下幾類：

（一）武器獵　以弓矢、弩箭、刺槍、火鎗、番刀爲主。弓矢用於小形動物及鳥類，槍刀用以撲殺猛獸。自有火器以來，若干部落已盛行火鎗；惟因日據時代曾經取締沒收，故僅南

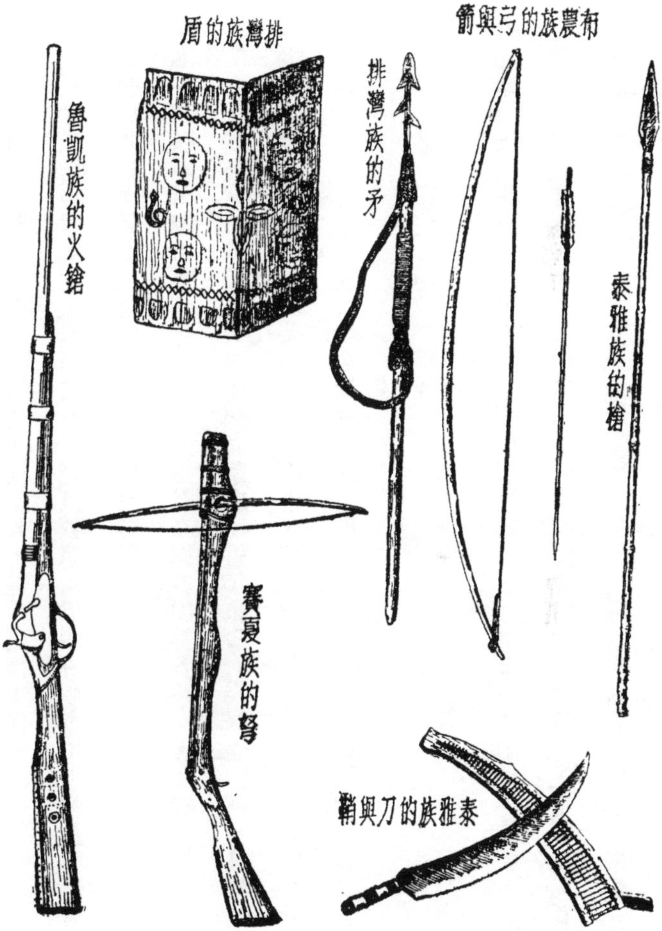
魯凱族的火槍
排灣族的盾
排灣族的矛
布農族的弓與箭
泰雅族的槍
賽夏族的弩
泰雅族的刀與鞘

部曹族、布農、魯凱、排灣等，還很普遍使用火鎗外，他族則極少見。

（二）陷獵　可分爲陷穽獵、絞環陷機及弓陷機數類，但因各類獸體之輕重與性情之敏鈍而有不同。大體對體重之猛獸用陷穽，中型動物用絞環，小型動物用弓機。

（三）焚獵　於冬季草乾時集體行獵，先將獵隊布置於山林各路　，各持弓矢刀槍以候。然後放火燒山令百獸逃出，然後携犬追逐圍而擊之，近年來政府爲保護山林，嚴禁焚獵。

狩獵的對象，最主要者爲鹿、羌、山豬、山羊、熊、豹，間及於山雉、竹雞、野兎等。山貓在中部山地之曹族，布農族爲禁獵動物，在阿美族以熊、豹爲禁獵動物。

第三節　捕　魚

捕魚是海岸阿美族與蘭嶼雅美族的主要生產事業。這種事業，在山地各族中，其重要性亦僅次於狩獵。因山地聚落，大多傍山臨水，故山溪捕魚的生產習慣，幾乎各族都有，並不限於海岸阿美族與蘭嶼雅美族所專營，因爲魚類也是山地各族副食的一個主要來源。就日常生活的需要來說，自然捕魚較狩獵更爲重要，並且捕獲亦較容易；不過，捕魚之聖潔性不如狩獵。他們中間，也有不喜捕魚的，例如中部山地之布農族就是。他如泰雅族、曹族、排灣諸族，捕魚之風都很盛。各族對於捕魚，不像狩獵之視爲神聖的工作，僅有極少的祭儀與捕魚有關，多數捕魚之目的爲一種娛樂，及口腹之需要，故捕魚幾乎沒有禁忌，也沒有占卜吉凶等習慣。相反的，有些族羣在重要祭儀中，以捕魚食魚爲禁忌，如賽德克、布農、曹族皆然。

捕魚之技術方法有下列幾種：

(一)射刺法　主要漁具爲魚刺、魚叉、以及弓矢、魚刺、魚叉之鏃，有鐵鏃與竹鏃，大體爲有鈎齒之三叉與四叉鏃，柄的裝置有陽式與陰聲兩種，頭部繫以繩，使刺着魚體後即可脫柄，將繩拉回而取魚入簍，此種方法只能於乾季在淺水溪流中使用。惟泰雅族用弓矢射魚，射中後追射捕魚。

(二)網漁法　中部與南部各族，都有帶長柄之扉袋形漁網，以藤枝或輭竹縛成圓圈，以痲絲結網其下，以長竹竿之一頭固結於網圈對邊中央，打魚時持柄立於淺水中待機網魚，有所獲後用手抓置於魚簍或漁筒中，排灣族與魯凱族有圓形擲網平置於淺水中，以卵石壓邊留

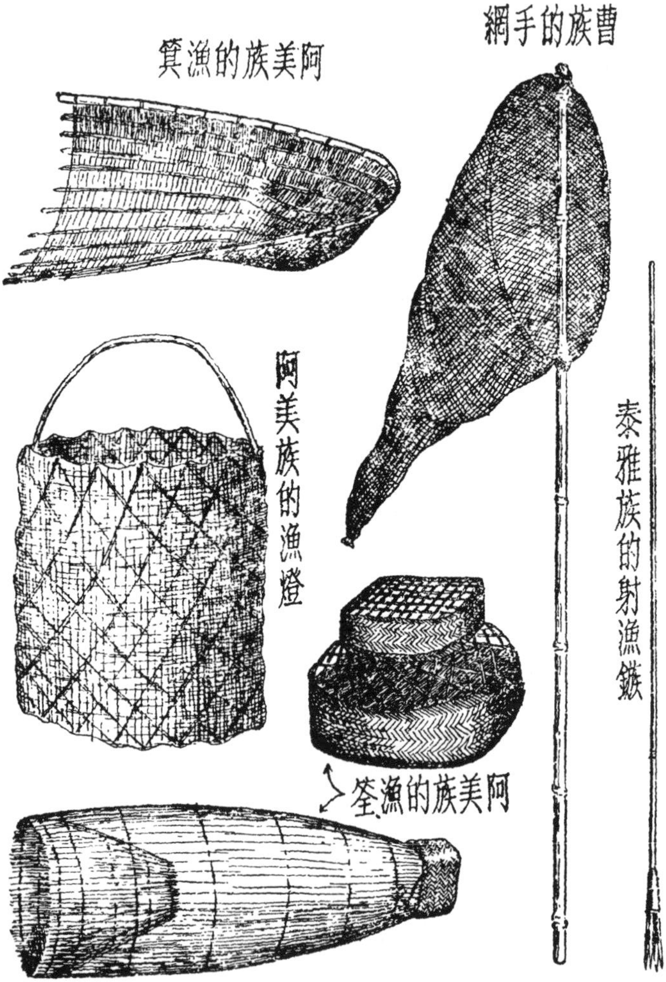
阿美族的漁箕
曹族的手網
阿美族的漁燈
阿美族的漁筌
泰雅族的射漁鏃

口於上流處以受魚，魚入網後以手搠裹出水，傾置於魚簍中。阿美與雅美兩族有投網，立網用於海上捕魚。

(三)筌梁法　在溪流狹窄處置魚筌，接近魚筌的地方，兩側用竹枝或樹枝及泥土塞住，其上流處亦用石頭泥沙作成小堰，以導溪水帶魚而下，流入魚筌。此種方法，中部與南部各族多用之。

(四)毒籐法　此爲臺灣土著族特有之漁法，將一種含毒汁之籐名曰 Taba atajal 或薩丁[Satin]之根，用石打破，取其毒汁注入上流溪流中，讓魚中毒而死，漂浮水上，向下流聚集於戽網中取之。此法因可毒死大量魚種，近年已予禁止。

(五)涸漁法　在冬季水涸時，選多魚之小溪涸水處，竭澤而漁。漁人涉足水中徒手捕魚，此法土著各族多採用之。

捕魚區域，爲部落及氏族單位所有，故有集體漁習慣。至毒漁法與涸漁法則須更多的人手。無論那一種形式，其漁獲亦與狩物相同，須分送與同漁者及近親氏族或家族共享。漁獲物有鯉、鮒、鰷、鰻、鰍、石伏魚、黃顙魚、及龜、介、蝦、蟹等。

第四節　飼養

土著族除雅美族飼養山羊外，幾無正式的畜牧，僅有飼養家畜的風俗，其普遍飼養的動物只有犬、豬、雞三種。犬與狩獵有關係，爲土著各族最早的飼養動物。其犬種亦與平地稍有不同，體力輕健，頭短兩耳向上直立。適於爬山追獵之用。豬與雞之飼養爲各族的普遍副業，以薯芋之枝葉及米糠爲主要飼料。飼養習慣爲女性工作，男子甚至不能觸及飼料盆及煮飼料之鍋釜。違者則爲不祥。耕牛在山地極少看見，唯近年已偶有飼養者，東部之阿美族及卑南族，飼養耕牛之習慣甚爲普遍。

蘭嶼的雅美族有養山羊習慣，泰雅及布農族間亦偶有飼養者。

養魚及養蜂之習慣，各族間偶然可見，如泰雅族、曹族在自族之溪流中放魚仔而置有禁止他人打魚之標幟。賽夏族與排灣族有養蜂者，唯以自己採蜜爲目的，而無甚經濟意義。

第五節　工藝

臺灣土著族之手工藝，完全處於自給自足之家庭手工藝狀態。一件工作自頭至尾幾可由一人完成。所用工具大體皆甚簡單，亦無作房設備，工作場所可以隨時移動。最重要之工藝有紡織、編籃、刳木、削竹、製陶幾種，茲列述其技術特質如下：

(一)紡織　各族婦女昔時皆知績蔴織成所謂番布，惟其工具技術略有差異，北部之泰雅與賽夏兩族皆有男以武功女以紡績決定其社會地位之俗，南部諸族次之，中部之曹族、布農族紡織工藝已漸衰微，尤其曹族婦女現在已無知紡織術者。紡線方法各族相同，皆用垂直紡軸，用手搓捻後纏於軸上，織機皆屬平地腰機型，織機之夾布板兩端，掛於織婦之腰際，經線之尾端繞結於經線筒或經線軸上，以兩足登之。經線在北部兩族用鎖形經線筒，恰如

泰雅族婦女與織機

阿美族的製陶工藝

銅鎖形之橫木，自其窄面鑿空其內心，穿架經線其上，中部與南部山地之織機用經線軸或板。東部之阿美族與蘭嶼之雅美族插兩木柱於地上，以絆住經線板，而不用足登，惟夾布板仍縛於織婦腰際，織婦皆坐於平地上從事紡織。工具有紡軸、經線架、分經軸、梭子、打線板等。織成品以白麻布，白褐相間之平行條文麻布，在北部與中部山地泰雅族、賽夏族、布農族皆在白色麻布上用有色絨線挑織幾何花紋之裝飾工藝。在蘭嶼之雅美族有芭蕉布。

(二)編籃　編籃工爲土著工藝中最普遍的，其主要原料爲籐與竹。其工具僅番刀小刀兩種，製成的器物有背簍、方簍、漁簍、漁筌、飯籩、籐包等，各族之器物樣式雖略有出入，然皆大同小異。

(三)木工　特別發達的土著木工爲剜削工，其工具亦僅番刀與小刀，其製成器物可分爲：a.容器類，有舂穀用之木臼，貯藏用之木桶，製酒，糕之蒸筒類，各族之器物形狀，亦大同小異，如臼之形狀有筒狀與腰鼓狀之別。b.棒杵類，如木杵，槍柄等。c.食具類，如酒具，湯匙等。d.木舟，有兩種形，一種是日月潭附近水社之獨木剜舟，另一種是雅美族之翹頭彫舟，前者爲獨木舟，後者爲拼板膠合船。

(四)竹工　除竹編籃工藝外，竹工之應用甚廣，最重要有a.筒竹具，如汲水筒、漁筒、米筒、酒筒、以粗竹一段挖去中節留下底節卽成。b.管竹器，如煙管、笛等。c.武器獵具，如弓矢，漁刺等。

(五)陶工　土著族中現僅布農、曹族、阿美、及雅美諸族能製陶器，北部之泰雅及賽夏族從無陶工。曹族在民國初年，尚有少數婦女能之，現已失傳。阿美、雅美兩族陶工都是婦女職業，唯布農則是男

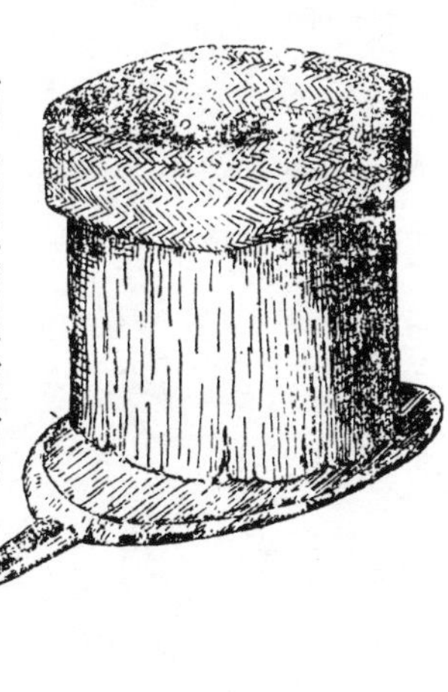
阿美族的製鹽具

子的工作。工具至爲簡單，以卵形石子、竹片、木板數種，以陶土混以細砂和之卽成。揑土用手搓成泥球，再將中間挖空，以石子墊於內壁，以木板自外壁打擊使器壁堅薄。製成後堆積於一處，用草堆置於外圍燒幾小時卽成。

其他工藝不甚普及者，如阿美族有製鹽工藝，曹族在搾油工藝，雅美族在冶鐵與冶銀工藝，都能用極簡易的方法，製造所需的成品。

第三章　食、衣、住、行

第一節　飲　食

臺灣土著諸族，大都是農耕兼漁獵的民族，所以他們的食物原料，以穀類、薯芋爲主，以採集的野菜及獵漁所得的獵肉及魚類爲副，再次爲飼養家畜的卵、肉及蔬菜，調味品只是鹽、辣椒、番薑而已。

最主要的食糧爲粟與旱稻。薯芋常與粟稻並食。玉蜀黍、黍、稷、豆等雜糧，僅間食之。惟雅美族以薯芋爲主食。此外尚有鳩麥、花生、薏米，皆爲偶食穀物。近二三十年來，水稻種植逐漸擴展，有代替旱稻的趨勢。水菓種類不多，僅有柑桔、香蕉、桃、李、山栗、柿、木瓜等，蔬菜類最常見者爲竹筍、南瓜、韮菜、番薑而已。近年蘿蔔、茄子、白菜之屬，已相當推廣，足供他們的少量需要。

土著諸族之食物，有粟米與稻米煮成的飯與粥，糯米糯粟或黍蒸製之糕與粢粑。或類似粽子之乾糧，煮熟之薯與芋。粟飯與薯芋爲山地諸族之日常食物，時常在飯粥中和以薯芋，或在粥中加菜而混食之。糕與粢粑爲偶食物，常在祭祀慶祝時食之以爲慶賀。

獵肉、魚肉亦非日常之副食物，只在農閑時節、祭時狩獵或捕魚歸來後，將其所得獵肉及漁獲分贈與同族共食之，其食法多以水煮後浸以鹽水，或和以生薑絲或辣椒末。曹族、布農族間用燒烤法。

各族皆有養豬餵雞習慣，惟非有祭祀絕不殺豬。非有上客絕不殺雞，豬雞肉亦概用煮食法，與獵肉同。

各族的餐器皆極簡單，以籐或竹編爲簍以盛飯肉。以竹筒陳湯，以竹勺或杯爲取食之具，原無碗箸，大家蹲踞於鐵鍋、飯簍周圍，以手抓飯而食，以竹勺取

泰雅族的木蒸桶

各族皆用的圓箕

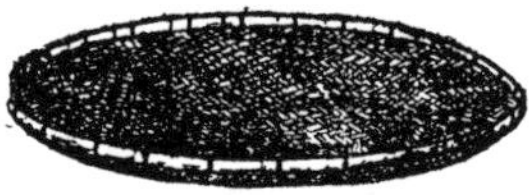

排灣族的杵臼

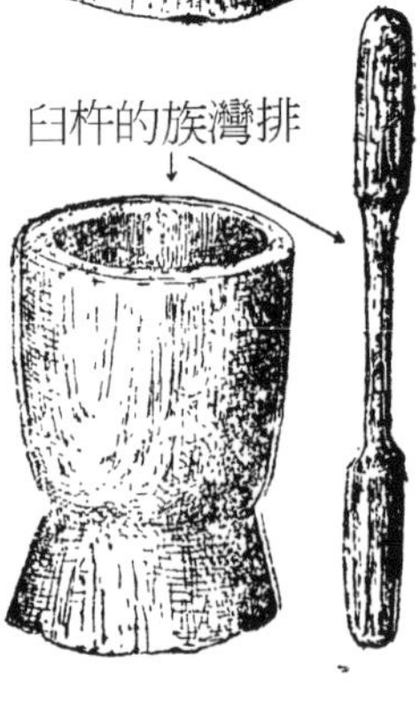

泰雅族的木桶

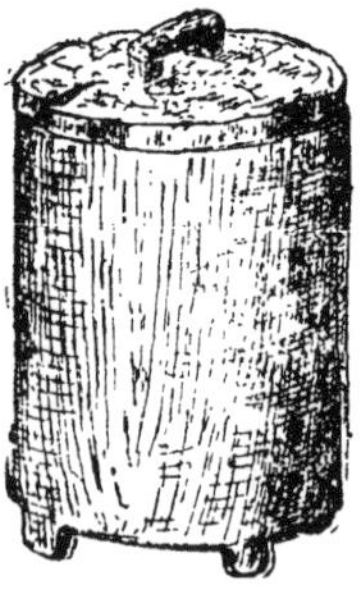

湯而飲，惟近年來使用碗箸已成習慣。

其舂米製糕皆用杵臼。削木爲杵，挖木爲臼，其形狀大同小異，皆用兩頭棒杵與圓木筒臼。杵有長短，臼形有腰無腰之別。播米用圓箕，箕由籐竹筤編成，山地應用甚廣。

土著各族皆不嗜飲水，更無飲茶習慣，口渴則就山溪或水管取流水飲之，非病人不飲沸水；惟嗜酒如命，各族皆然。各族皆能自製粟酒、米酒及薯酒。凡有祭祀、生育、婚事，則先製酒相聚狂飲，牽手歌舞，樂而忘返。平時則自漢商沽酒而飲，每至鄰近漢人市鎮交易，必先飲至半醉，復携酒數瓶而歸。鹽布之需，常被遺忘。

吸煙習慣，亦爲各族通俗，男女皆然。惟各族皆自種煙草，自製煙葉，捲而吸之，以竹根爲煙斗，箭竹爲吸管，其形狀略似小錘。以皮革爲煙袋，爲成年土人必備之物。惟雅美族無吸煙飲酒之嗜好。

卑南、阿美、排灣及雅美族有咀嚼檳榔的習慣。和以石灰，包荮葉而食，唯中部以北諸族，則無此俗。

卑南族的肉籩

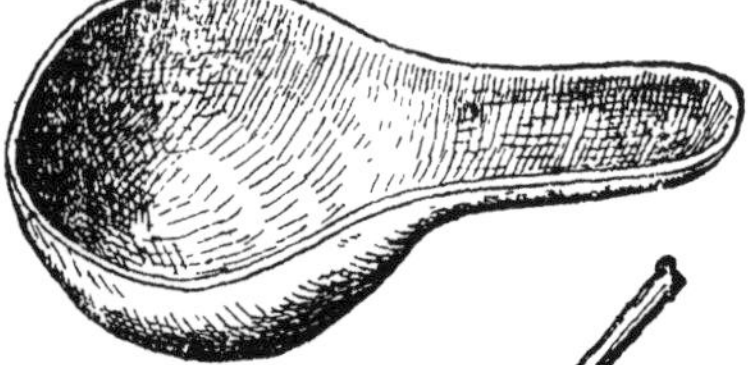
布農族的水瓢

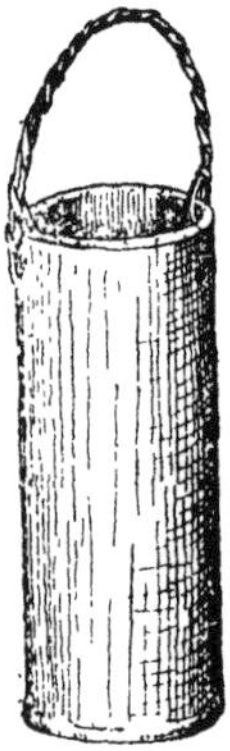
阿美族的鹽筒

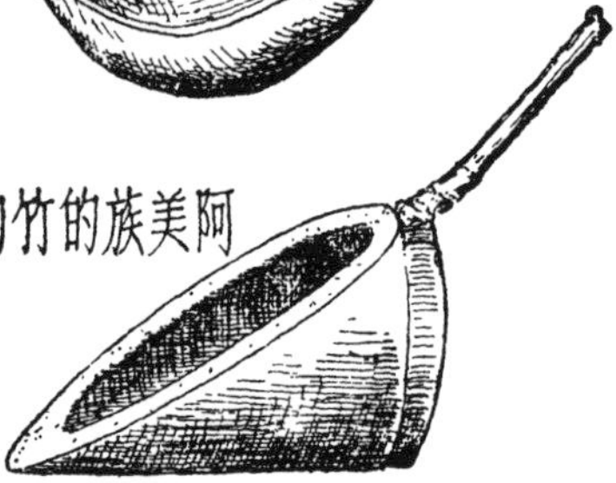
阿美族的竹勺

泰雅族的煙斗

泰雅族的木飯匙

排灣族的鹽筒

泰雅族的竹勺

排灣族的連杯

第二節 服飾

臺灣土著諸族，一如其他海洋民族，重裝飾輕衣服，其原始衣飾雖各族頗有差異，但其飾物種類常多於衣服，衣料種類屬於各族自製者，僅以麻布與皮革爲衣料。因久與漢族爲鄰，故棉布早被採用爲主要衣料，各族婦女尤多穿用。往時各族婦女僅能自織麻布。中南部山地皆知揉皮，尤以布農族與曹族擅長揉皮工藝，以鹿皮山羊皮爲男子主要的衣服原料。

衣服式樣，各族男子多保持自己的民族服式，大體可以分爲四型：

(一)北部型　以泰雅、賽夏爲代表，阿美族之北部羣亦屬之。以窄幅番布爲衣料，上衣爲無袖胴衣，有長短二種，長者及膝，曰魯靠斯 [Lukos]；短者及腹，曰拉當 [Rataŋ]，以二幅布相並縫，中縫及半被其背，其未縫部分爲對開前襟，定紐帶二條相結於胸際，其盛服以白布爲地，在胸背部織成幾何形花紋。泰雅族以貝珠穿織於胸背，製爲珠衣。腰部橫纏條紋番布爲腰裙，以被下體。胸前掛斜方布一塊爲胸衣。除夏季外，每人以四幅番布縫成之長方番布橫圍於身上如袈裟，自左肩打結。戴半球形皮帽或籐帽，跣足無履。賽夏族則僅有胴衣、背心、而無披圍。

(二)中部型　以曹族、布農族爲代表。男子以鹿皮爲皮料，上衣爲鹿皮背心，外披鹿皮披肩，背心以帶毛之鹿皮縫成，背部爲一整塊，前襟兩塊，胸部敞開，自頸間掛一方形斜折之胸袋，正胸處挑織幾何花紋成斜方塊，腰部亦掛斜折腰袋被其陰部，盛服時另加斜方挑繡胸衣，腰部垂黑布前裙一塊，出獵或盛服時加着鹿皮套臂及鹿皮套褲。曹族老人於盛服時可加着對襟長袖外衣一件，以黑色棉布爲面，紅布爲裏，戴有護腦之皮帽，着雪鞋形皮鞋。

(三)南部型　以排灣族、魯凱族、卑南族爲代表，阿美族之南方羣亦屬之。上衣爲對襟長袖，腰部繫半腰裙，或繫腰帶而垂其兩端爲前裙。排灣、卑南族之貴族以豹皮爲披肩，以豹牙、鹿角爲冠，下着彩布或挑織之套褲，平民則以黑布纏頭，跣足無履。

(四)雅美型　蘭嶼之雅美族平時僅以腰布爲T字帶，間或穿著對襟短背心，此外無衣無履。頭戴籐盔或木盔以避炎暑。

女子衣裳大體皆多少漢化，其影響於南方諸族多於北方，西部盛於東部。大體可分爲三式：

(一)短衣長裙式　泰雅族、賽夏、曹族、阿美族屬之。上衣爲對襟長袖，前後襟僅被胸背，腰纏腰裙，泰雅及賽夏族爲單式裙。曹族婦女着左右双合裾；胸着斜方胸衣如漢婦之肚兜。排灣、卑南與南部阿美則着竪式長裙。各族婦女皆着膝褲以被下腿。

(二)長衣下裳式　布農、魯凱、排灣族屬之。長衣窄袖，長裾，肩袖滾邊刺繡，下着圍裙膝褲。黑布或紅布纏頭，跣足。

(三)裸露式　雅美族女子經常上身穿背心，下體橫圍腰布一條，冬季以方布一塊自左肩圍裹其身於左肩打結。木片製八角頭盔，無履。

各族男女皆重裝飾，大體言之，飾物之量與質北部較貧乏，南部較豐富。最主要之裝飾物爲貝珠與貝片，其次爲琉璃珠、豬牙、熊牙。復次爲羽毛、獸皮與生花。銀銅手飾及錢幣、紐扣以及竹管皆有之。

飾物的種類，男子常多於女子，自頭至足，男子有下列數種：

(1)冠飾——如泰雅之在籐帽，或熊皮圓頂小帽，貝板頭圈下沿綴以紐、貝。曹族之在皮帽頂上插鳥羽數根，屬於輕飾型。排灣族之鹿角冠、豹牙冠，及阿美族之羽冠、花冠、屬於重飾型。

(2)額飾——有兩種：一為額帶以厚布帶為地，綴以方貝與貝珠，燒珠條相間穿綴，束於額際或帽沿。各族男子盛服時皆喜用之。

(3)耳飾——泰雅、阿美族喜用耳棒或耳盤。耳棒以竹管製成，耳盤以螺鈿製成。其他各族皆用耳墜，耳墜以貝片、豬牙、燒珠等穿綴而成。

(4)頸飾——有兩種：一為頸帶，以方貝連穿、或以方貝、貝珠與燒珠穿綴而成，自頸前緊繫於頸後；一為頸鍊，以貝珠、琉璃珠、豬牙等穿綴而成。北部諸族多僅用頸帶。中部至南部各族兩者並用之。

(5)胸飾——有兩種：一為胸鍊，以貝珠、玻璃珠、燒珠、珊瑚等穿綴而成，繩甚長，常可鍊以圍頸三四圈而垂於胸前。一為胸帶，以草編成之帶或布帶上綴以寶貝、貝紐、銀幣等，下懸以煙袋、檳榔袋等，有時用為刀帶。

(6)臂鐲與腕鐲——泰雅族之臂環，以銅絲卷繞而成，賽夏族以貝珠與長方貝片穿綴而成。其使用權利，古時皆與獵首有關，每獵一首，加臂環一道，曹族男子用山豬牙為臂環，綴以紅綠黃色布條，獵得山豬者始得以其所獲之山豬牙製成。每獲山豬一次，可加帶一環。

(7)手鐲——有銅條鐲及珠鐲兩種，各族男子多用之。

(8)腳飾——泰雅族與賽夏族男子在盛服時用腳飾，以條貝與貝珠穿綴有旒形飾帶束於小腿上部。此物古時亦與獵首之俗有關，曾獵獲敵首者，方得用之。中部與南部諸族無此俗。

女子之飾物有下列數種：

(1)花冠——以鮮花爲花環，在盛服舞蹈時直接戴於頭上，或繞於頭巾之外，排灣、阿美族常用之。

(2)額帶——綢或棉布帶爲地，繡邊，以琉璃珠、通心軸、貝珠銀飾等穿綴其上爲幾何形花紋，下沿通常綴以珠琉或銀片，中部以南諸族婦女皆用之。

(3)耳墜——中部以南諸族女子常用漢式環形帶珠旒耳墜。北部山地之泰雅及賽夏族婦女則常用貝質耳軸、耳板、或貝珠耳墜。

(4)頸飾——與男子頸飾同分頸帶與頭珠二類，各族婦女皆用之。

(5)胸飾——爲胸鍊式與男子之胸鍊同。

(6)腕鐲——有珠圈式與銅線式兩類，大體與男子腕鐲同。

(7)腰帶——以彩線織成之彩帶，或以彩色綢爲地，兩端刺繡或結穗，繫於腰際兩端垂於股際或臀後，各族婦女皆用之。惟長短形式不一。

第三節　住　居

臺灣土著諸族，大體皆爲定居民族。除阿美、卑南及雅美族外，皆住於五百公尺以上之高山地帶。由於古時出草獵首之風盛行，故以集中聚落爲多，其聚落常建立於背山面河之險峻崎嶇之山腰地區，或小型臺地上。阿美、卑南兩族雖居海岸平地，其集中聚落更爲龐大，社之四周密種竹林，社口建碉樓以資瞭望防守之用。唯淺山之賽夏族已由集中大村落變爲疏散之小村落趨勢。因去獵首時代已甚遠也。

就房屋之主要建造原料言，各族之房屋可以分爲四類：

(一)木屋　可再分爲大型與小型的兩種，大型者以排灣、阿美、卑南爲代表。以方木爲柱，木板爲牆，以茅草或木片蓋頂；另一種是小型長方木屋、以圓木爲柱，小徑圓木橫疊爲壁，檜皮蓋頂。泰雅族之大部屬於此類。

(二)竹屋　以粗竹或圓木爲柱，將竹劈爲兩半，以砌瓦式豎列為壁，平鋪為屋頂。賽夏及新竹、苗栗一帶之泰雅族房屋多屬此類。

(三)茅屋　以圓木架爲樑柱，以茅管豎列爲牆，茅草蓋頂，曹族及布農族之一部，屬於此類。

(四)石屋　以片石砌牆，以圓木爲樑柱，片石鋪地蓋頂，魯凱族、排灣及部分布農族之房屋屬之。

(五)草頂地下房屋　以圓木爲樑柱，支撐深入地面下的屋架以茅草蓋頂。

房屋之平面圖形，大體爲長方或四方形。唯曹族之長方形房屋四角圓，牆壁略帶弓形，全面近橢圓形。由開門之面出入之路徑看房屋使用方法，有橫長與縱深兩類。除曹族及阿美族以外，正門皆開於橫廣部之前面。曹族與南部阿美則以自縱深面兩端出入。房頂樣式可分爲二傾斜面與四傾斜面兩式，用樹皮、石片及竹瓦蓋頂之房屋，大體爲二傾斜面，用茅草蓋頂者，分二面頂與四傾斜面兩類，曹族與南部及東部排灣族爲四斜面，其他各族都是二斜面。除中部四斜面之草頂，及板岩屋頂以外，多數二斜面之茅草屋頂，樹皮屋頂多有防風之壓桿設備。以竹竿或木椽間隔的壓於屋頂，以籐繩固紮於樑柱上或牽至地上，更以短木樁固定之。除改良式之房屋以外，大多有門無窗，亦無煙囪設備，故室內多陰暗，加以牆壁屋頂常爲煙塵所蔽，更增陰鬱之感。近來山地生活改進運動，對於家屋改良已有很大成就。

第四節　行旅與搬運

番地以內的交通，大部還停滯在原始狀態，僅東海岸與阿里山一帶對外交通可利用鐵路，其他區域只有一部分可利用省營公路及林班汽車。番界以內的道路仍爲人行險路，大部山路開鑿在山腹斜壁

排灣族霧台社的藤吊橋

曹族的竹橋

，或傍懸岩，或穿叢林，隨處都是峻坡險谷，行路之難，遠過蜀道以上。

道路可分為社路與獵路兩種。社路是社與社間的通路，多自清代以來由官方督修之大道。路幅寬者五六尺，窄者僅通一人。自日據時期伐草修路為山地主要役政之一。惟峻坡懸岩，依然隨處有之，道傍茅草雜木，數月失修，就又草深沒道。獵路是因畋獵足跡踏踐而成，多僅容一人，甚至僅可一足通行，攀岩涉水，悉依自然，時時需要

泰雅族的溜索

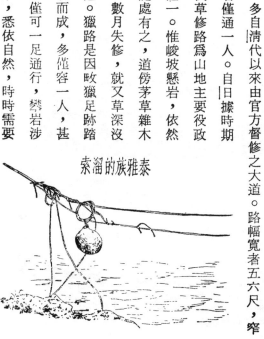

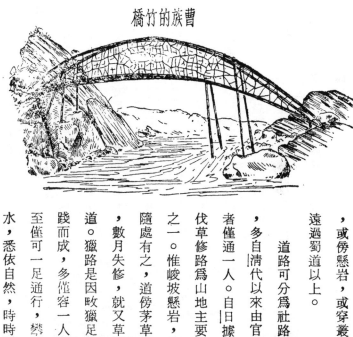

跳岩越木，斬草移石，夏季則數日不修，即難辨識路徑。

在深谷危岩，或溪水過處，也有架橋、過溜的設備。橋有木橋、竹橋及籐橋三種。木橋多爲獨木橋，大樹一株，用番刀砍削爲方木，橫架溪流兩岸。有時岩壑之間，用兩木交叉，下端插入溪澗，上端靠在岩壁上，即可攀登而過。竹橋有長短兩類，短橋以三、四根粗竹，並搭在岩石上；長橋用粗竹並立插入溪流作中間橋架，再以排竹四五根搭在竹架與岩石上，或竹架與竹架之間。橋竹弓形，另在橋兩側搭架竹欄，以便行人扶持。此種竹橋惟中部

日月潭邵族的獨木舟與槳

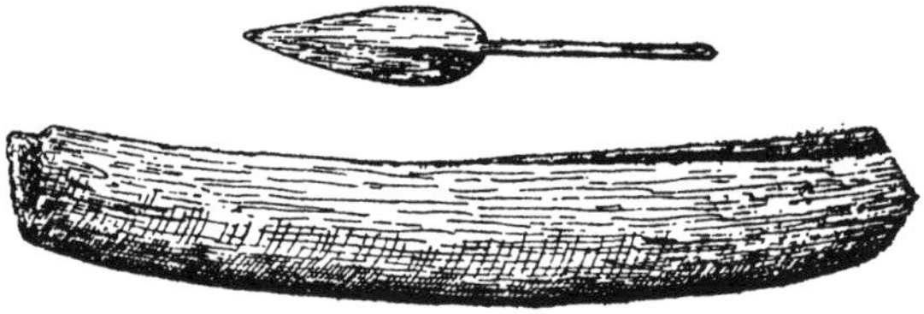

蘭嶼雅美族的彫舟與槳

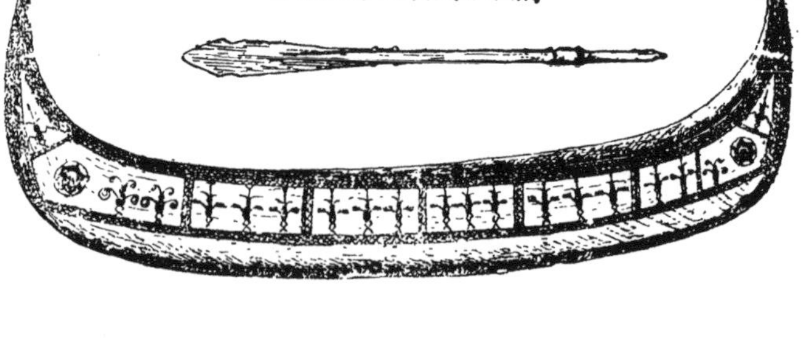

山地曹族住區有之。還有一種籐橋，搭架在危巖深谷之間，其法先用籐皮打成的粗籐索，左右兩條並行懸於兩岸間，兩端固結於兩岸之山巖上，再於其下隔五、六尺距離，以同樣方法平行的懸籐索兩條。在下列並行籐索間，以籐蔓交穿成密網，再以相同方法，將兩邊上下兩互索結織爲欄，以求行旅的安全。此種架橋法，泰雅族、布農族、魯凱族皆能之，後來日人加以改良，用鋼繩爲架，橋面舖置木板，以水泥建兩端橋樁。此種鋼繩串橋，現已遍及臺灣山地，這都是日人倣照番俗籐橋而使用現代材料之結果。另有一種渡水設備曰架索，架置於不易架橋之激流處。用兩條籐索上下並行的掛置於水上，上索掛籐環一隻，繫以繩索，旅行者於渡水前，先將行李掛在索的環上，以便人渡水時牽繩運送行李，人則兩肘掛在下首之籐索，以手攀索，身懸水中，游泳而渡。

土著諸族的交通用具，陸上本來無車，水上唯東部之阿美族、卑南族、日月潭之水沙連族及蘭嶼之雅美族有船。前二者所用爲挖樹而成之獨木舟，後者多用龍舟式窄長頭尾翹起之小舟。

各族之搬運方法，大多是用人力，而以背負方法爲主。其搬運器具，有背簍、網袋、背架、竹筒四種。背簍以竹為骨架，以籐皮編織成六角紋。用籐帶或布帶結於上口。背負時以負帶頂於前額，或掛於双肩而負於背上，為搬運收穫物時用之。網袋以麻繩編織為網，

布農族的穀簍

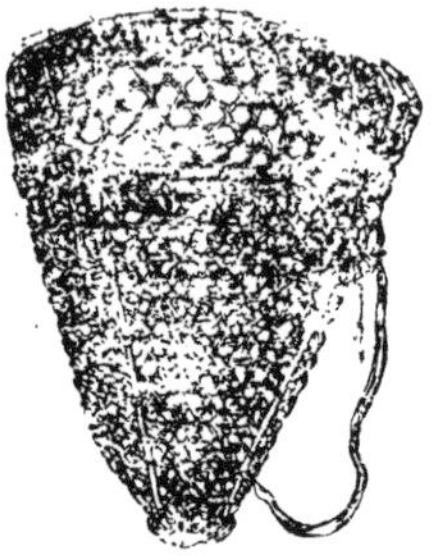
曹族的背簍

泰雅族的汲水筒

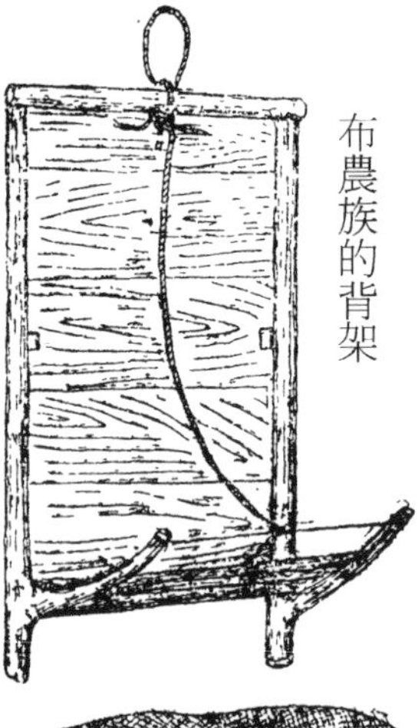
布農族的背架

布農族的網袋↓

上沿四角，繫以背帶，背負時掛於左右肩頭，負於背上，爲搬運衣物時用之。背架以有曲杈之木材豎置爲柱，以橫木連結上下，在兩柱上端繫以背帶，其背負法與背簍同，爲搬運柴薪時用之。竹筒有水筒、穀筒與漁筒三種，水筒高三、四尺，徑四、五寸，以籐皮繫之，掛於肩頭，爲汲水之用；穀筒與漁簍高一尺五寸左右，爲裝運魚及穀物之用。此等搬運器具，山地各族皆有，惟式樣略有不同而已。阿美族婦女以陶瓶置於頭頂運水。陶瓶腰壁左右有耳突出，以爲扶手。至於木材、竹竿的搬運，其長大者每置於肩頭或頂於頭上，各族皆然。

第四章 親族、祭團與部落組織

第一節 親族

臺灣土著諸族的親族組織制度 (Kinship group system) 有兩種不同的形態，一種是氏族社會 (Clanish Society)，另一種是世系羣 (Lineage group society)，從血統嗣系關係來說，則有父系的 (Patrilineal)、母系的 (matrilineal) 以及双系的 (bi-lineal) 三種形態。氏族社會是有姓氏的同祖外婚羣，北部山地的賽夏族，中部山地的布農族與曹族是父系氏族社會 (Patrilineal clanish Societies) 他們大體都有聯族 (Phratries)，氏族 (Clans) 與亞氏族 (Snb-clans) 三級單位，以布農族保持原始氏族制度最爲完整，該族的五個部落羣構成五個氏族組織系統，雖然在五個舊部落系統分散的移徙，發展到約八九十的部落單位後，其氏族系統仍舊維持未墜。同氏族人儘管分散的居住於不同的部落單位中，氏族成員仍舊能靠姓氏維持其組織功能，其聯族單位[Kaviað]始終被保持爲外婚單位，與共食祭粟[mu'skuŋ hu'aŋ單位。賽夏族與曹族雖然其氏族組織與功能尚保持完整，賽夏族的外婚單位也還有聯族[aha mamajaha]。曹族在氏族宗家 [adufutsu no emo] 制度上尚能保持其最基本的制度特徵，唯其聯族已不是外婚單位，只是一種共同獵場的象徵單位。大體上三族都以各級氏族單位爲各種親族功能之維繫中心。

東部海岸的阿美族與卑南族是母系氏族社會 (matrilineal clanish societies)，唯其組織單位與功能關係，都不像父系氏族各族那樣完整。其大於氏族一級的聯族單位都早已解體。氏族以下的單位，一部分已由亞氏族性質轉變爲世系羣性質，新的世系羣繼續發生，舊的氏族繼續絕滅，因而不大容易把握其氏族組織系統，除南部阿美族還大體保持其氏族外婚規定以外，北部阿美族甚至將其氏姓一併遺忘。卑南族雖保持着氏姓，但其外婚功能多已被破壞。但兩族的氏族宗家制度與社會功能，都還很清晰。尤其卑南族有以氏族宗家[Kairaŋaŋ]執行整個氏族的功能。

阿美族各羣之氏族單位名稱極不一致，如南部阿美羣稱氏族爲 rarumaŋan 或 raruŋawaŋ，其世系羣單位曰 tatapaŋaŋ；中部與北部阿美則稱氏族爲 ŋaŋasawan 或 ŋasao，氏族內之宗支羣曰 tatarumah 。氏族以上的聯族單位雖未形成，但尙有同祖羣 kakaosaŋ 的單位名稱；有時他們誤以此名辭用於父母双系親族間。卑南族有領袖氏族［ajawan］制度，在一般氏族［sajamunan］中，各部落有幾個領袖氏族爲其部落會所［parakoan］之領導者，與祖靈屋［kanumaŋaŋ］的司祭與部落之特權領袖。各氏族內包含若干母系世系羣，以宗家［kairaŋan］爲中心，惟其母系家族常在女子絕嗣時，由男子娶妻承宗的法則，故其母系制度不甚徹底。

世系羣社會可以分爲父系世系羣（Patrilineage group）。母系世系羣（Matrilineage group）及双系世系羣（bi-lineage group）三種類型，北部山地的泰雅族與蘭嶼的雅美族是父系世系羣社會，如泰雅族的同高祖羣［qotox molxo］與同源羣［otox gamil］，雅美族的宗支群［iteǒəŋuŋəŋ］與同祖群［asa satəŋu］，都是純父系組織 在東部的卑南族與阿美族中常以母系世系羣爲氏族以下的組織單位，如阿美族之亞氏族 tatapaŋan 或 tataruma，與卑南族之母系世系羣［inajamunan］，都是母系世系羣的例子，唯都是由母系氏族中派生出來，與氏族組織並存。另一種世系羣見於魯凱與排灣兩族，是一種以貴族宗家爲中心的双系羣，我們也可以稱之爲家族世系羣（Residental lineage group），與其貴族制度相結托，類似我們古代的宗法社會，以一個古老的貴族家系爲大宗，由不問男女的長系承繼法則，長嗣承宗，庶嗣婚後分出爲小宗，第四次分出後，即失去其貴族地位而降爲平民，其近親禁婚法則，只適用於同祖親，到同曾祖親即可以互婚。並常由同族互婚維持其貴族血統。

臺灣土著各族中，無論在氏族社會或世系羣社會，從無交表婚制度；相反的，他們都有母族禁婚法則，在父系氏族社會，對於母系氏族也禁婚一代至二代，在母系氏族社會，對於父族亦然。視直接血統之表兄弟姊妹與其本族之兄弟姊妹同屬於禁婚範圍。在世系羣社會常以双系世系羣與單系世系羣相並行。在無姓氏的泰雅族與雅美族，其双系羣與單系羣觀念且常混淆不清，如泰雅族的泛血親羣格格［qotox gaga］爲廣義的同祖羣，實包含着同一住區的双系血族分子。其另一親族團體蓋羅［qotox gelo］，則爲由每一個婚姻配偶所構成的親戚關係，也是一個双系禁婚羣。在貴族世系羣的排灣族社會中，其親族羣［palakajam］，與魯凱族的馬西巴阿巴［masipa'apa］，實際上是一宗家爲中心的複合双系羣。他們在稱呼傍系親屬時，父系與母系完全沒有區別，在親屬待遇上也是如此。其禁婚範圍也是各人對其双系親屬同樣禁制二代，不論同姓異姓只問親疏遠近。

家族組織，在土著諸族都是親族組織的基層單位，唯在氏族社會，無論其爲父系或母系，都傾向大家族制(Extended family)，在世系羣社會，大體都傾向小家族制(nuclear family)，在父系氏族的賽夏族、布農族及曹族都曾盛行父系大家族制，布農與曹族的舊式家屋中，可以容納五、六十人男女家屬，有三代以上的親屬份子，我們甚至無法區別其爲亞氏族單位或家族單位。惟其婚姻永遠是嫁娶制，子女從父居，從父姓。在阿美族與卑南族的母系氏族社會也是如此，以一祖母爲中心，與其母系二、三代的子孫及其贅壻同居。但在世系羣社會無論其爲父系、母系或双系的家族，都以小家族爲基本形態，因爲他們注重直系法則。普通以長嗣承其家系，庶嗣則不是出嫁出贅，就是婚後成家另居。故其小家族中心常有少數的宗家與多數的分家。

在家長制度上，父系氏族社會常以父系尊長爲家長，在世系羣社會則注重長子權，以承嗣家系者爲家長，在母系氏族社會，母權常與舅父權相並行，惟母權的範圍常只限於家族，舅父雖然已出贅與其妻子同居，惟對於母家事務仍有很大的干與權。如子女婚嫁時之主婚權在母親與舅父。在双系世系羣的排灣族不問男女，以長嗣爲法定承繼人與家長。

家族是最堅強的共有財產，共同生活的單位，財產承繼制度普通與家長權相並行。在大家族社會以家長為財產監守者，其家族財產取不分割主義。在小家族社會則以法定家系承繼人，長女或長子承繼主要的財產，其餘家屬只有共同享用的權利。惟個人財產如服飾、武器、工藝製造品，則由有效使用原則下，各由單性承繼。

第二節　祭　團

在臺灣土著社會，親族羣與地域羣之間，有一種以祭儀行為為基礎的行為團體，此種團體的構成單位與範圍，在各族間很不一致，有的以血族羣、有的以地域羣為聯繫基礎，有的兩種要素並行構成其組織基礎，多數以農業祭儀為共同的關係行為；有時以狩獵祭、祖靈祭或敵道祭為共同行為中心。

在氏族社會，大體以氏族為祭儀組織的構成單位，在超部落的氏族組織社會，常以各同地域羣的氏族單位構成一種區域氏族祭團。如賽夏族的加西雅朗〔aha kasialaŋ〕，即為其小區域祭團之例。曹族氏族，以每一部落為中心，購成一個地域氏族祭團曰禁忌團〔tso no peisia]，布農族的區域祭團曰[tasito lusʔaŋ]，範圍較廣，由一種超部落氏族羣組織起來，甚至同舊部落之若干隣部落組合起來，構成一種大於部落的祭團。賽夏族矮靈祭 [pas-taʔai] 的祭團與布農族的魯斯安[lusʔaŋ]相近，也是超部落的祭團。東部母系氏族社會，其部落活動以男子會所 與年齡組織爲中心，部落領導權在會所長老之手。卑南族的母系氏族，以其祖先靈屋爲祭儀中心。把兄弟氏族或氏族內的世系羣聯繫在一起；會所組織把不同年輩的男性在共同防衛的義務要求下有統一組織。每一祭團總有一個司祭爲儀式主持人，如賽夏族的氏族首長兼司祭曰卡馬拍司瓦凱 [kama pasvake]，布農族的區域祭團司祭曰利斯卡魯斯安[liskalusʔaŋ]，卑南族的祖靈屋司祭曰拉恆 [rahan]。司祭者常同時爲一種氏族羣的領袖。

在世系羣社會的祭團組織，常有大於氏族的廣泛血緣基礎，如泰雅族的格格[gaga]，以泛血緣關係爲基礎，有部落內的與超部落兩種區域範圍，但同爲祭儀羣與禁忌羣。每一祭團有一位司祭兼族長曰馬拉恒格格[malahaŋ gaga]。排灣族的祖靈祭或五年祭[maləvo]也是一種超部落組織。以一個貴族宗主權團體爲中心，把同姓貴族的傍系與佃民們聯合在一起，成爲一個祭團，以最大的貴族宗家爲祭儀中心，以該族出身的司祭[paralare]爲祭儀領袖。

此種祭團，以祭儀關係維繫貴族宗主權團體的隸屬關係。

最普通的情形，部落單位常爲祭團構成的中介要素，如阿里山曹族氏族祭團，係由部落單位統一起來。各氏族的宗家集中在大社［hosa］，各殖民部落或小社的氏族分子，每逢祭祀必集合在大社宗家，由一位部落司祭首先發動祭儀行爲後，各氏族司祭隨之在各氏族宗家同時擧行祭儀。泰雅族的「格格」大部與部落［qalap］的單位相配合。在魯凱與排灣族的農業祭儀中，常以部落爲儀式單位。阿美族與卑南族的情形亦然。有時在部落組織內分出次級祭團，有時數毗鄰部落聯合成一個祭團。

第三節　部落組織

部落（tribe）是以地域社會爲基礎的原始政治組織。臺灣土著諸族，過去都以部落爲基本的自治單位。在他們中間，沒有無政治、無領袖的遊羣社會（hordish society），也沒有一族曾完成一個國家組織。惟各族部落組織的構成基礎與形態各有不同，我們可以先就各族部落構成的內含單位分爲下列諸類型：

(一)以泛血親羣爲構成基礎的部落　是以父系世系羣爲組織基礎，與泛血親羣的祭儀組織互相一致或配合，以泰雅族的部落 [qalaŋ] 爲典型，其最原始的形態，血族祭團與部落相疊合，以同祖羣爲基本構成單位。

(二)以父系氏族爲構成基礎的部落　是以氏族爲部落的基本構成單位，由氏族的各級單位在部落中構成組織關係。大體上氏族之分子雖分散在各部落中，但各氏族在部落中仍構成一種系統的組織。以大於氏族之聯族爲單位，如布農族部落有二部、三部、四部等組織制度，曹族有三部組織制度。卽在一部落中有二個、三個或四個最大氏族組織單位，各級單位皆有其氏族功能。

(三)以母系氏族及年齡組織爲構成基礎的部落　東部母系社會的阿美族與卑南族，其部落人口雖然由母系氏族構成，惟母系氏族恆只有氏族以下的亞氏族及世系羣單位。部落的領袖權不在氏族長老而在男性的年齡組織，與會所爲中心而處理着。

(四)以貴族地主家系爲中心的部落　南部山地的魯凱族與排灣族社會是由貴族地主統制着，每一部落都是由幾個貴族家系與佃民複合組成；由於該部落勢力最强，家世最悠久的貴族宗子爲部落名義首長，由貴族傍系或佃民領袖中選出一位平民領袖爲部落之責任領袖。

從部落內的家宅分佈與地域羣關係，我們可以把部落關係形態分爲下列數種類型：

(一)集中部落或單一部落　以一個單獨的地域單位構成一個部落單位，全部落的人口與家宅集中在一個聚落內，而耕地與獵場則在其周圍。東部的卑南族與阿美族的部落就屬於此型。一部落的人口，常集中至二、三千人之多。

(二)分散部落　與上述情形完全相反，同一部落的住民，分散爲若干小聚落，集合若干零星村落纔成爲一個部落。泰雅族的鄰利羣(tseole)與賽夏族的社會就是這樣一個部落[asaŋ]，有若干住區[kinatsagaun]，每一個住區內也有若干個小聚落[aha rito]，除了其社會關係外，沒有一個地域中心。

(三)複合部落　就是一部落由母部落分出若干小部落或殖民聚落，唯有組織關係上不脫離其母部落，而維持着或鬆或緊的原始關係，形成一種兩級單位的部落組織。阿里山曹族的大社與小社爲維持緊密的部落關係之一例。如達邦大社有小社若干個，圖富雅社有小社若干個，各小社與大社的分佈距離，有時可以遠到一天的徒步路程，但與大社的關係仍舊保持得很密切，在政治上只有大社有正式的酋長 [peogsi]，小社的酋長則由大社酋長指定一同姓者充任，或派定一代理首長 [lajutasputu]，一切重要的祭儀，都在大社舉行。每一氏族的宗家都在大社。布農族的部落，也有大社 [asaŋ ðaiŋal] 及小社 [asaŋ kauman] 之別，惟在組織關係上比較鬆弛。小社也自成一個自治單位，有各自的組織，惟在祭儀與戰爭關係上，常以大社為中心而聯成一個地方集團。

(四)毗鄰聯合部落　泰雅族的賽考力克羣與鄒利羣諸部落，平時雖然都各自成一個自治單位，但在戰時則皆由其種族系統與地緣區域聯合成若干部落羣，或攻守同盟，稱為 qotox laliog 或 qotox waxabaŋ。賽夏族的部落關係也類此，每一個河流區域形成一個部落同盟，如晒奇拉巴 (ʃai kirapa)，晒瓦羅 (ʃai waro)，即為部落同盟單位。

上述四種部落形態與人口分佈現象是相關的。以(一)型部落的人口最多，一部落之平均人口約為 五〇三·二人；(二)型部落的人口最少，一社的平均人口只 一三六·二人；(三)型與(四)型部落的人口約在兩者之間，一社的平均人口約在 二五〇 人左右。

在部落領袖制度上，各族有相同之點，即以老人統治 (girontocracy) 為普遍的原則，各族的部落，在領袖之下都有部落長老會議（Council of elders）的組織。惟領袖制度與統制權運用方式各族頗有不同。在氏族社會各族中，其民主的傾向比較濃厚。如布農族之部落領袖[sasipinal]是由氏族長老中選任的。賽夏族有氏族司祭權制度，賽夏族北部諸部落領袖權由敵首祭之司祭氏族趙氏[tautauwazai]所據有。曹族與卑南族領袖氏族制度，部落領袖由一個氏族世襲，其他少數領袖氏族常以部落創建者的資格爲部落長老會議之優先領袖。阿美族與卑南族的部落領袖權與男性年齡組織與會所組織相關連。部落領袖卽年齡組織的領袖與會所首長。

在無氏族的世系羣，部落之領袖權，多傾向權勢主義與門閥制度。如泰雅族的部落領袖，常由其部落中最強大的世系羣長老或祭團首長擔任。魯凱族與排灣族的封建部落，常由幾個貴族地主家系之宗子爲統治集團。以貴族家系中在該部落地位最高、財勢最大者爲首長。惟在泰雅族中，常以長老會議之權力限制其領袖權；在排灣族則有一種平民領袖介於貴族集團與平民集團之間，以均衡双方的利益。

部落的政治首長、軍事首長與司祭權的權力均衡法則，亦不甚一致。多數的情形，平時的政治與戰時之統帥權是分開的。惟賽夏族北部諸部落爲例外，泰雅族與曹族偶有部落首長兼攝軍事統帥權者。部落司祭與政治首長一般也是分權的。惟卑南族則行部落首長兼司祭權的制度。

司法權在各族中大致都沒有獨立起來，民事問題大體都取調解制度，刑事事件小者亦由部落首長或親族首長間談判調解，大事件則由部落會議公審處刑。故最高的司法權在部落會議，而由部落首長兼審判長與執行人。

第五章　宗教與巫術

第一節　神靈

臺灣土著諸族的神靈觀念，大體屬於精靈崇拜（Spiritualism）或泛靈崇拜（manaism），即認宇宙是被無數無形的靈魂在支配着。這些靈魂的性質屬類，各族的觀念頗有深淺高下，大體說來，南北兩端之泰雅族、賽夏族及蘭嶼之雅美族之程度較低，他們只有靈魂觀念而無神的觀念；中部之曹族、布農族，則已有司理神乃至創造神的觀念與靈魂的觀念相混合，其神靈尚未完全人格化；唯南部與東海岸之排灣族、卑南族與阿美族，則已有多神教的傾向，其神靈已系統化、人格化，甚至已有雕刻之神像。惟他們也時常把神靈與鬼魂的稱呼混淆不清，祖先崇拜的觀念也沒有完成。如各族遍有之粟收穫祭的對象爲祖靈，同時也是泛靈或物神。他們的祖靈也是總括的，而沒有對某一祖先個人崇拜的觀念。有集體的祭儀，而沒有系統的對指定祖先的個人祭儀。

他們把靈魂分爲生靈與死靈兩種，生靈是暫時附着在人身上的靈。泰雅族只有一個靈魂曰烏道哈〔utax〕，賽夏族人謂活人身上有八魄〔azum〕，人死後則變爲鬼曰哈翁〔hovun〕，布農、曹族、阿美族、魯凱族都謂活人身上有左右二靈，右善，左惡。卑南族謂活人有三靈，在頭上與左右肩，人在病時和夢境中，生靈可以暫時脫離身體。善人死後，生靈卽去，回到泛靈中成爲善靈。惡死者之靈魂沒有歸宿，飄零在死的地方，成爲惡靈，給生人作祟。

中部與南部諸族有自然之神與司理之神。神有善惡的區別，又有司理業務的區別，如天神、地神、山神、河神、風神、雨神、穀神等自然系統。各族神數不一，以阿美族的神數爲最多。

除了泰雅、賽夏與雅美只有靈而沒有神，中部與南部諸族都有神。布農大體分爲善神與惡神二大類，前者是守護與賜福之神，後者是疾病災禍之神。大體說，天神與自然神常爲善神，如天神、地神、山神、河伯之類；疾病與災異之神爲惡神。善神爲祭祀祈禱之對象，惡神爲禳祓咀呪之對象。玆將神的種類說明如下：

（一）天神與創造宇宙之神　曹族、布農族顯然有最高主神或創造之神。如曹族之哈冒〔haimo〕，布農族之利加寧〔licarnin〕爲宇宙創造與決定人類的善惡禍福之神。

(二)自然神　以有形之廣大自然物與現象爲對象，如日月、星辰、山川、風雲、雷雨，認其本身爲偉大之神靈，可予人類以禍福。唯土著諸族常以自然神與司理神相混淆，如認山神爲狩獵神，河伯爲漁澤之神。

(三)司理神　無形而管理某一特別事務之神，如軍神、獵神、穀神、家宅之神爲善神；疫神、瘴神等爲惡神。中部與南部諸族有之，以阿美族、卑南族最爲發達，已人格化，並有系統化之傾向。

(四)精靈、妖怪　曹族、排灣、魯凱、卑南、與阿美族，尚有山林川澤及事物之精靈；排灣、卑南與阿美族，且有專致人疾病或死亡之妖怪，各有怪異之形狀與性格。

第二節　祭　儀

祭儀是基本的宗教行爲。土著諸族之祭儀，普通可分爲定期的歲時祭祀與臨時祭祀兩類。歲時祭祀以農業祭爲主，獵神祭、河神祭等次之。對特殊神祇或祖靈之定期祭儀，除泰雅族外，各族亦多有之。祭祀之對象與儀式，各有特點。惟一切歲時祭祀都是以公開集體的方式進行。臨時祭儀只在有特殊事變或災禍時舉行。其對象與祭法大體是固定的，惟實行的時期是臨時性的。大多在公開集體方式下進行，只有極少例外，是屬於私祭性質。

定期的歲時祭祀在土著諸族中可分爲下列數種，玆分述如下：

(一)農事祭　作爲農事祭的主要因素卽作物，而他們的主要作物是粟，其次是旱稻與薯芋。故最主要的祭儀爲粟祭，目的在祈求與報謝粟之豐稔，同時也有一種附帶的心願，就是求種族的繁殖和生活的安樂。農事祭的對象，在北部之泰雅族與賽夏族爲祖靈；在中部的布農族與曹族有司理之神。南部諸族如排灣、阿美的粟祭對象較爲複雜，排灣之粟祭對象爲祖靈，同時爲粟神；阿美族南部以星辰爲農神，北部則爲穀神與祖靈並祭；卑南族以侵害作物之惡神與穀神同祭。

農事祭儀，主要的有播種祭與收穫祭兩種：

(1)播種祭——以粟播種祭爲主，稻、黍、薯、芋等祭儀，通常包含在粟播種祭以內，但也有分別舉行者。泰雅族、賽夏族、卑南族、阿美族之稻祭皆附屬於粟祭中。曹族的稻祭則分別舉行。粟播種祭之儀式在播種前舉行。祭期之長短各族不一，大體舉行五、六天。祭前男子出獵，女人釀酒製糕。以大嵙崁之泰雅族爲例，第一日祭團之各家各派代表集合於司祭之家。準備祭品，夜半司祭偕代表二人，携糕酒肉及祭種粟，帶着農具，自家中走出，沿一定方向至田間選定之地上，斬草開地尺許，播種數粒，埋祭品少許於土中，薦酒於地，祭告祖靈祈求保護。天明携餘糕酒歸社，集於主祭之家飲宴後，各家開始飲宴終日。霧社、太魯閣等族羣之祭儀更爲複雜，在田中、田舍、穀倉等處所，有捕鼠、捕蟲等附屬行爲。阿里山曹族之祭儀曰 miapo，極爲複雜，分六日舉行，第一日捕魚，第二日選種，第三日假播種，第四日正播種，第五日開禁休息，第六日建田舍。又阿美族之粟播種祭，分初播祭與終播祭兩段舉行。其祭儀分戶舉行，初播祭由家長赴田中祭告農神與祖靈並作祈禱。終播祭爲祭穀神、自然神，祈求豐稔，而後舉行飲宴。

(2)收穫祭——普通較播種祭更爲盛大，大概分摘穗祭與報謝祭二段舉行：摘穗祭是對神靈之祭告，並祈求神靈保證豐收之意，在正式收割前舉行。其祭儀普通是分戶舉行，各家主祭先期一日齋戒，於半夜赴田間摘數穗而歸，舉行穀神祭，其後始能開始正式收割。祭祀由家族或氏族單位舉行。其祭品與儀式大體相類；報謝祭較爲重要，寓有報謝神靈與慶祝豐年之意，常包含許多複雜目的的祭儀，與祭後的飲宴娛樂等。附屬於收穫報謝祭的儀式，各族繁簡不一，以曹族、布農族的內容最爲複雜。阿里山曹族的粟收穫祭曰冒卡瑤[mokayo]祭前八日即舉行部落會議，協議祭日。祭儀開始之第一日爲齋戒掃除；第二日禁外宿；第三日洗滌衣服器具；第四日持祭品赴田間祭告粟神，摘穗；第五日試食新粟；第六日割祭粟；第七日藏置祭粟；第八日至第十日田中收割；第十一日藏置種粟，預備祭事；第十二日攜酒糕入山，立茅薦酒作祭；第十三日以後爲狩獵祭、敵首祭、成年祭、道路祭等附加祭儀。舉行敵首祭之前，由部落

曹族人鑽木取火

之軍事領袖先舉行鑽木取火儀式，改會所之社火，以祈年(註一)。

布農族之巒社羣稱粟收穫祭曰薩敖拉拉[Saurara]，其第一日釀酒，第二、三日休息禁忌，第四日起各氏族司祭齋戒五日，第九日起各司祭赴田中摘穗二、三支歸祭粟神，定正式收割期。至收割日各家分別收割一日，翌日必休息飲宴，直到收割完畢後共同飲宴。

各族在播種祭與收穫祭之間，也常舉行鋤草祭或中耕祭；在收穫祭之後又有收倉祭，儀式都很簡單，不及備述。

(二)祖靈祭　土著各族對祖靈的信仰，只是泛靈崇拜的一種表現，而未達於人格化的祖先個人之靈魂。在泰雅族祖靈是其一切祭儀的主要對象，甚至有時把獵首携歸的敵人的靈魂也包含在內。在中部的阿里山曹族則幾乎沒有祖靈觀念，僅在其年終祭儀中之道路祭有祀祭及燕私合族之意，惟並無崇拜祖靈觀念。賽夏族、布農、阿美諸族，其農神與祖靈觀念相混淆。排灣、魯凱與卑南族祖靈祭之觀念比較明確，有祖先之靈屋為祭所，作祭時有招魂、送靈等儀式。

祖靈祭之目的，在求收穫豐滿，子孫繁盛與康寧，因為牠通常總在收穫祭後舉行或與收穫祭合而爲一。故也有祈求與報謝豐稔及以新穀供養祖先之意。祖靈祭的執行團體有三種：第一種是純親族團體的氏族，如曹族之 tsono aimana，阿美族之拉魯馬安 [raruma'aŋ] 即其例。第二種是親族團體兼地域團體的祭團，如賽夏族之加西雅朗 [kasialaŋ]。第三種是家族，如泰雅族以格格爲祖靈祭之單位。在每月或播種、收穫祭時定期舉行，或於臨時事故發生時，亦以酒肉祭祖靈以爲祈禳。祖靈祭的祭儀，各社情形常稍有出入。如大嵙崁族羣，各家於祭日的清早搗粟捏成飯團，各家長持飯團到司祭家，用檞葉和麻絲包紮，司祭家預先備有樹架或新竹，以飯團縛於其上。主祭領先，各家長持飯團隨之，至山中大樹之下，大家將飯團再絙在大樹枝上。由司祭大聲呼諸祖之名，唱祝詞。祭畢一齊歸社，開始飲宴。賽夏族之祖靈祭以地區祭團加西雅朗爲單位。同族人各家長集合於司祭家中。司祭家梁上懸有一個神物袋爲祖靈之神位。祭日大家持糯粟一把到司祭家合搗成糕，主祭則蒸米爲飯以祭祖靈，唱祝詞祈求護佑。祭畢，大家分糕食之而散，是日各家開始飲宴。排灣族之五年祭[malevo]，乃一種很複雜的祖靈祭，由各貴族家聯合舉行。

(三)狩獵祭　狩獵爲山地諸族僅次於農業之生產方法。他們好獵的興趣尤過於農業。故狩獵祭不只山地各族皆有，連海岸之阿美族亦有之。狩獵祭之對象普通是獵神或獸靈，而以獵獸之下顎骨爲對象。狩獵祭之目的是祈求與報謝狩獵時之豐穫與人身之安全。

狩獵的祭儀，大體都在收穫祭後舉行，因爲此時他們才有閒暇從事狩獵。並且常在祭儀前後行集體狩獵或焚山狩獵。如阿里山曹族於收穫祭後，全社男子整裝入山行獵，到達山中未行獵前，各插茅草一根，招獸靈而供以糕酒；並向山神祈求多賜獵物和守護獵人的安全。在東部與北部的各族，都把狩獵祭與祖靈祭合併舉行，沒有特爲獵神舉行的祭儀。

(四)河川祭　河伯之祭祀與捕魚有關。臺灣土著大體皆知捕魚，惟對河伯的祭儀則不大普遍。阿里山曹族在狩獵祭後數日，各氏族的男子都在河邊致祭河伯，曰密敖斯古 [mios-ugu]，阿美族在收穫祭後也有集體捕魚，寓有河川祭的意思。

(五)特殊祭儀　各族因其民族歷史關係，常以某一種特殊神靈爲祭儀的對象，如賽夏族之矮靈祭 [paslta?ai]，以古代矮人族 ta?ai 爲對象；沙阿魯阿族之密阿道敖斯祭 [miatogos]，以藏於地下之靈貝爲對象。卑南族之猿祭 [magajagajau] 與大狩獵祭 [magajao]，則是一種獵首祭之模擬祭儀。

第三節　迷信

（一）禁忌　土著諸族因畏懼精靈，崇信命運，所以從日常生活到重要儀禮動觸禁忌。大體上越是重要行爲，禁忌越多。平時認爲神聖的事物固然禁忌接觸，遇邪惡的東西，則又足招致災祟。惟此等禁忌都是由習慣承傳下來的。人人皆有深刻印象。我們姑分爲一般的禁忌與特殊的禁忌兩類。一般的禁忌是適用於無限之時與地的。特殊的禁忌是對於特定的時間，特定的場合以及特定的人的禁忌。

(1)一般的禁忌——屬於視覺的事物者，如遇蛇及山貓，各族大體都認爲禁忌；横死者及其死所是禁忌的，遇動物交尾是禁忌的；屬於接觸的，神樹神物之接觸是禁忌的，死者之家屋與遺物之接觸是禁忌的；屬於行爲的，如放屁，打噴嚏是禁忌的，同族相姦是禁忌的。動物的頭與尾之食用，也是禁忌的。

(2)特殊的禁忌——屬於男人或女人的禁忌，普通在男女分工的情形下。屬於男子一方者，禁止女人接觸，如武器、獵具禁止女人接觸；男子公會女人不能走入。女人專用的小鍬、廚具、織機，男子不能接觸。豬圈男子不能接近。屬於特殊場合者，在祭儀、出獵、出草、喪葬時，禁忌特多，如不能食魚、不能觸麻、不能絕火等。屬於特別人物者，如戰士、祭司、巫師、產婦及其夫，喪服者，又比普通人有更多的禁忌。

(二)徵兆　禁忌是消極性的信念，惟徵兆則爲寓有積極性的預示意義。有若干現象是認凶兆，另外若干現象則認吉兆。土著族在有重要行爲之前，特別重視徵兆的預示而決定行止。茲分類述其重要者如下：

(1)屬於自然現象的——日蝕、月蝕、彗星出現，認爲凶兆、日暈、月暈、星月交會，也是凶兆。

(2)屬於動植物的——鷄之夜鳴，犬之長號，蛇及鼬之出現，都是凶兆。小獸、小鳥橫道不吉。豬交尾凶。被莓刺掛着，亦爲凶兆。

(3)屬於人事的——產婦、離婚，對於其近親爲不潔，若產婦之夫參加祭儀及出獵隊伍中，視爲不吉。跌交亦不吉。

(三)占卜　土著諸族每於重要行爲如：出草、出獵、祭祀、建築、開墾等之前，必先占卜，以問吉凶。其占卜有下列幾種：

(1)鳥占——以鳥之鳴聲，棲止之方位，爲判斷吉凶之標，此風在土著族中至爲普遍。鳥占之鳥各族不同，大體以鶺鴒、百舌等小鳥爲特定卜鳥。以鳥鳴聲之長短、迂急、聲調、回數爲判斷吉凶標準。以自己所站之位置爲基準，分鳥聲之來處爲左右兩邊，以右邊代表自己的吉凶。左邊代表目的物，如敵人或獵獸的吉凶。鳥占大體於出草、出獵、出行時用之。

(2)夢卜——土著在日常生活中，卽用夢兆來判斷吉凶。在有重要行爲時，更必故意行夢卜。夢卜必有一定負責任的人，如出草時的夢卜，雖大家集體在會所擧行，但由主帥之夢卜爲主。判斷夢兆以習慣的觀念爲依據，惟各族判斷吉凶之觀念不一定相同。因所占卜之事不同，其判斷觀念亦有差異。在正反兩種判斷方法，多數取正夢，卽夢中見吉兆爲吉，凶兆爲凶。如日落、山崩、屋塌、被野獸咬傷、被敵人打擊，總是凶夢。反之，見美女、獵獲、上樹、豐收，皆爲吉夢。不過也有反夢，如夢見自己或親人之死，爲其人長命之兆，夢見飽食是腹痛之兆。

(3)水占——賽夏族盛行水占，其法有二：其一、在疾病及其他疑難時，以碗盛滿水，投入草一支，然後在水碗中立細竹管一枝，禱告後，以竹管觸耳孔聽之，謂靈必有告示，因以決定吉凶。其二、當有東西失竊時，以竹管一端浸在水裏，一端銜在口中，少頃，取出竹管，用力向天吹之，視噴出之水所指的方向，決定失物所在之方向。

(4)竹占——東部之卑南族與阿美族普遍行之。如家人常有疾病或連續死人時，即行竹占以決定應否請巫師禳祓，或移居他處，或祭禱祖靈祈求護佑。竹占乃專門法術，占卜師先採伐長二尺左右之竹枝一節，一端留節，一端無節者削薄，以木契一邊作一三角形缺口，手握竹之兩端，以其中腰當木契缺口處折斷，視其斷裂處竹絲之形狀，以判斷疾病輕重與應行的除災法。

(5)草莖——中部阿美族行之。先赴野外找尋茅葉之東向者，請巫師前往斬伐持歸，卜時以其一端對着口際，呼神之名，而試問以災祟的原因，撫茅莖，信符合者其莖可以伸長觸口作答。

(6)瓢占——布農一族行之，其法在瓢壺上載圓石，由圓石之固定與否，判斷吉凶。

第四節　巫　術

由於上述的宗教觀念，土著諸族皆信吉凶禍福乃精靈所爲，而精靈之祟可以靠巫術來消除。巫術有日常巫術與特殊巫師二類。普通巫術人人得而行之，如在祭祀與葬禮中，結茅草爲厭勝，以驅邪去穢。如用茅葉、鷄卵、獸牙撫摩疾患處以醫疾病等，卽爲普通巫術，人人都會。另一術是特殊巫術，則只有巫覡經過學習後才能施術。由巫術之目的善惡又可分爲白巫術（利人的）與黑巫術（害人的），臺灣土著族之巫術，以白巫術爲主，卽以消災轉禍爲目的。祭祀以善靈爲對象，而巫術則以惡靈爲對象。因爲他們認爲一切災禍都是惡靈作祟，故巫術以求助於善神祈求其保護、驅除或鎭壓，乃至安慰惡靈爲基本方術。

巫術之行使必有一定法物，咒法與咒語。最普遍使用的法物是茅、菖蒲根、竹、獸骨、生水。有時以酒、肉、飯糕少許以爲祭獻，巫術之種類與方法，因其目的而定。其主要巫術有下列數種：

（一）宣託　以其祈求之目的祝告於神，求神意之指示，如泰雅族以長二寸許之竹箸兩根，插於兩趾間，在竹箸之尖端橫置小料管。如料管靜止於竹端，則所問之答覆為肯定，落下則為否定。卑南族之女巫作法時，以頭髮、草、酒陳列於地，以求神降，搖振銅鈴，以鈴聲判定神意。

(二)厭勝　乃剋制或驅除疾病災祟的方法，普通巫術中甚多，如出行時掛菖蒲根於胸前，夜間行路時塗爐灰於額上。對患病者之醫治，則以茅拂病人之身體若干次。以菖蒲根或茅葉擦患處後丟掉。或以線將病人與雞豬等相連，使移病於動物身上，然後將雞或豬殺掉。由巫師行使的厭勝方法各族不同，而以泰雅族最為發達。其方術較多，大致上述各法都有。曹族、布農族用草浸水後洒點患處，用芭蕉葉、檳榔等撫觸患處，以移祟於物，然後丟掉。

(三)禳祓　禳祓普通用於一般性的災禍。如賽夏族在淫雨時請夏姓行祈晴之禳祓祭。布農有橫死者請巫者行禳祓祭。北部阿美族在疾疫流行時，請一社之巫者全體參加舉行禳祓。各族對於發見路斃橫死者，皆須請巫者舉行禳祓以除祟穢。

(四)黑巫術　為咒人使其害病或死亡的巫術。泰雅族傳說，古時有巫者神秘養一種稱為浩奈(haune´)的魔鳥，人見此鳥即死。該巫者可以受人僱用，放魔鳥害人於死。後來全社人害怕起來，把凡有養魘鳥的巫者全部殺死，此巫術自此絕滅。布農族有一種專行黑巫術的咒師，屈指稱被害者的名字而咒之，則某人必死。有的說，該咒術師頭上的灰塗在某人身上，其人必病。還有一說，謂自某人家取得爐灰或其衣服一小塊，屈中指咒之，則其人必病；或巫者用其人的唾液包在樹葉裏，以右手拆左手中指骨節指作響聲，唱咒詞後揉其包投入火中，則其人必死。惟此術早已絕滅，不復流行。

（註一）　土著諸族中多保存鑽木取火之古俗，於歲末祭儀，及行獵出草前，用此火種改新火。有會所諸族以會所中央之火爲社火，每年改火一次，改火後終年不熄火，以表示其共同命運興旺不絕。

第六章　生命禮俗

第一節　生　育

土著諸族由於血族觀念與好戰思想的濃厚，認人口衆多者卽爲强大，人口寡少者卽趨衰弱，所以他們普遍的歡迎人口增殖。在父系諸族中當然有重男輕女的傾向，惟並無殺女嬰的惡習。僅對於畸形兒，雙生兒則視爲禁忌，故生下怪胎時總是把牠噎死。雙生子如爲兩男或兩女則並棄之，一男一女則存其男而棄其女。唯在母系社會的阿美族，無殺双胎之惡俗。

他們多數不理解受胎的生理作用，而以生子爲神靈的賜與。中部與南部諸族，有專司生育之神。惟知月經停止與懷孕的關係，且知自月經停止之月起計算臨盆期的方法。普通以十個月爲最長懷胎期，如泰雅族自月經停止的一月每月結繩一結，以計算臨盆期。其他各族則以月名或祭儀記憶懷孕期。

各族大概都認懷孕期爲不潔，孕婦與其夫須守許多禁忌，如孕婦禁食魚、動物的內臟等；禁用刀斧、禁挖穴等；孕婦之夫不能參加祭祀、出草、狩獵等。

臨盆在土人觀念中是穢惡行爲，舊時多數不請助產者，產婦自己處理一切。泰雅族當產婦臨盆時家人故意出外避之，產後始歸。阿美及卑南族特別在屋外搭建臨時小屋爲產房。惟多數土著族之產婦身體虛弱者，可由其夫或其母供助產役。阿里山曹族與阿美族且有職業的產婆。產褥普通在室內或臨時小屋的土地上，舖番布或草蓆，產婦以木桶架木杵，或以竹杖用繩懸於樑上以支持身體。胎兒落地後，用竹片或茅葉切斷臍帶，大約留下三四寸長結於臍孔處，過數日後聽其自然脫落，此脫落之臍帶，各族皆有一定的收藏方法。如泰雅族男孩的臍帶結藏於父親的子彈囊裡，女孩的藏於母親的針線袋裏，父母死亡時以此等副葬於墓穴中。卑南族用紙包起藏於母親的枕下或針箔簍中。唯阿美族中視爲穢物而棄之。曹族、賽夏族則埋在土裏。胞衣若汚物，埋在屋內地下。

小兒生下後，用冷水或溫水爲之洗身，用番布包起，卑南族不用新布，而用其父親入青年級時所穿的裙子包起來，生兒一日後用鄰婦之乳汁或糜湯哺之，母乳出來卽喂以母乳。

難產時招請巫者爲之祈禳。凡難產、逆產、死產或生怪胎者都認爲不吉，必延巫師禳祓。孕婦因難產而死，認爲惡死，母子葬於一處後舉行禳祓。

婦人產後只在室內休養三數日，唯須守食物及其他禁忌，一個月內不得與其夫同房。

生子後之慶賀祝福各族都有，唯其時期方式各有不同。泰雅族在產後禳祓式以後，釀酒屠豬招宴親戚。赴宴者必持酒肉布疋爲禮曰 Sumkakajes，乃賀喜之意。生子之家必贈祓禮給舅家（即產婦之兄弟），以祓不潔。此種禮物曰 mekuraus，舅家受之，然後初見嬰兒。生頭胎者禮節較重，第二胎以後有略而不行者。送舅家之祓禮以長男最重，其次較輕。賽夏族與曹族初生時無慶賀禮節，至小孩長大一、二歲時，再由母親携糕酒到舅家爲禮，在那時舉行祝賀的酒宴。阿美族與卑南族行招贅婚，生子以前贅壻的，夫族先殺豬用鹽醃之。出產之日即送到婦家爲賀。夫之兄弟分居者亦贈酒肉衣物。生子之家於當日或擇日招宴諸親友。

第二節　命　名

生子後爲嬰兒命名，常有簡單儀式，其時期遲早不一。早者在生產後四、五日臍帶脫落後舉行，賽夏族與曹族於生子後數日即舉行命名禮。泰雅族各族羣遲早不一，萬大社羣生子二日即舉行命名禮。多數在臍帶脫落後一、二月內舉行。賽德克羣要到三、四個月小孩會笑時才舉行命名禮，布農族與阿美族生子數日後得吉夢則舉行命名禮，否則延期。命名的儀式，在賽夏族以一種草葉貼於小兒額角，以竹筒噴水其上，爲小兒命名。曹族命名時母親抱小兒出戶外，由其父持糕一塊爲小兒祝福後命名。曹族的沙阿魯阿羣，母親抱兒立於戶外，父親給小兒帶頸飾，並結茅葉於其衣領爲之祝福命名。布農族的巒社羣，父往山中捕一小鳥煮熟給小兒食之，然後爲他祝福命名。郡社羣在馬西華爾［Masixoal］祭日鷄初鳴時，父爲小兒帶頸飾爲之祝福命名。

命名的主持者，在父系社會中通常是由父親執行，在母系社會中由外祖母執行。泰雅族的若干社羣如大嵙崁羣，賽德克羣由母親命名。阿美族與卑南族多由外祖母命名。賽夏族由姑母命名。布農族則由父親命名，母親如得吉夢也可取得命名權。

各族男女性多有祖先流傳下來的若干個傳統的名字，輾轉使用。如曹族各族羣男女性名只有十幾個。賽夏族、布農族男女性的固定名字也不超過二十幾個。排灣族與魯凱族的名字多有階級性，各階級各有男女名幾個。名字的選定常有若干積極與消極的條件與慣例。如男子避免與父兄同名，女子避免與母姊同名。其他近親間的同名則爲常事。相反的，長子襲祖名在若干族中亦成常例。如在賽夏族、曹族、布農族、阿美族、卑南族，皆有長子必襲祖父之名之制，餘子則襲曾祖以上的名字。在父系社會中襲父系祖名，在母系社會如阿美、卑南族則襲母系的祖名。如馬太鞍社則女子襲祖母名，男子襲祖父名。但也偶有不避父母名的例外。北部的泰雅族、賽夏族及南部的阿美、卑南族行親子連名制。其長子襲祖名，故其名字或反覆顛倒使用。如賽夏族人父名 Taro 連祖名 umao 故曰 Taro-umao，其長子襲祖名 umao，連父名 Taro 故曰 umao-Taro，其孫依同制又名曰 Taro umao。除此襲名方法外，最常用的方法是依夢卜時所見之祖名爲名，或男子以某一勇士之名爲名，女子以某一巧婦之名爲名。惟阿美族與卑南族有依當時的事故或卽景命新名的例子。另一種命名法則，是爲了防止小兒夭折而故取惡名以爲厭勝。

小孩初命名後，如有疾病不安或家中有不順適的事件發生，則常再行更名。如罹重病則二十歲左右的人也有更名的例。更名通常是由巫師或依夢卜選定新名。

阿里山曹族在幼兒時有將名字的聲音變簡變輭的幼名。如 javai 的幼稱爲 avai，Japasujugu 的幼稱爲 japasugu 等。排灣與魯凱族也偶有此種幼稱。到成年結婚後纔改用正式的名字。

第三節　年齡分級制與成年禮

依年齡長幼分爲若干年齡組級 (age class)，依其組級決定其生活方式和社會待遇的制度，在臺灣土著族中間有三種方式：第一種是沒有嚴格的組別，只有大體長幼尊卑觀念，如泰雅族、排灣族卽屬於此類，可以說是沒有正式年齡分級制。第二種是有年齡級，有成年禮，但各年齡組只有通名，到達某一年齡卽需擧行某種儀禮，接受某種訓練和責任，個人以其年齡自低級逐漸昇進至高級。如賽夏、布農、曹族卽屬於此類，其年齡級數主要分爲四段：卽幼年級，少年級，壯年級與老年級。各級只有一個通稱，幼年級內通常有更細的分期，老年級大體分爲老年和衰老二期。不止男子如此，女子也大體相同。幼年與老年級大體男女同名，少年與壯年級男女異名。如阿里山曹族的幼兒級稱爲噉與考[o?oko]，內分嬰兒期曰泡伊那那[poinana]；幼兒期曰噉考諾那諾[oko no nano]；少年級男子曰馬孝敎[masiodzo]，少女曰伊伊姆古姆[i'imugumu]；青年級男子曰薩斯冒瑤斯庫[sasmojusku]或瑤法富

伊那那 [jufafoinana]，女子曰伊意布焦古 [iʔibudzogu]；老年級男女同曰馬邁約伊 [mam-ejoi]；衰老期曰那哈諾馬邁約伊 [naxno-mamejoi]。布農族幼年期曰嗷瓦德 [ovað]；少年級男子曰明特爾明勞 [mintal minlo]，女子曰明特爾密諾瓦德 [mintal minovað]；青年級男子曰明魯魯瓦德 [minluluval]，女子曰維諾瓦德 [vinovað]；老年級男子曰馬代額爾 [maðaiŋal]，女子曰比額爾 [piŋal]。曹族的南部二族羣，沙阿魯阿與卡那布，以及賽夏族都有類似的制度。大體以十歲以下爲幼兒期，十五、六歲以前爲少年級，十七、八歲以上爲青年級，四十歲以上爲老年級。男女都以少年時期爲受教育訓練的時期。男子的主要訓練是狩獵、武藝與長幼禮節；女子則學習家事、農藝、紡織。青年級爲服役期，參加爲部落服務，狩獵與防衞是他們的基本任務。原始的風俗，男女三十歲以前不能結婚，爲絕對服役期。老年期開始參加部落事務，出席部落會議。惟戰爭復仇的義務並未解除。女子大體在生子二、三人以後，即未達四十歲亦受老年級待遇。到六十歲以上屬衰老期，亦即退休時期，可以享受若干特殊待遇。

第三種制度是有男子專名級的年齡級組制，如阿美族卽屬於此類。男子在參加成年禮以前，爲未加入組織時期，生活於家庭中，至十四、五歲時加入年齡級組之預備級，接受嚴格的體格與武術的訓練。每三年或五年有一次盛大的成年祭，在這時參加組織訓練。經過訓練考驗之後正式加入年齡級組，接受組織的專名。組織名稱終身不變，惟每經過一次成年祭進級一次，其社會責任與待遇依階級昇進而變動，各年齡級組有級長爲接受上級命令與執行命令之負責人。階級服從的原則，在生活與工作任務上是普遍適用的。專名以外，仍有依其責任待遇稱呼的通名。

阿美族馬蘭社之嬰兒期曰利保特[rɪpot]，幼兒期曰卡馬哀[kamaŋai]。少年期未編級者曰巴巴卡倫[papakaroŋ]，已編級者曰巴卡勞哀[pakaroŋai]；青年級曰卡巴[kapa]；成年級因其責任事務，分密希尼哀[inixiniŋai]、密爾姆爾梅[mirmurumai]、巴拉維瑞[Paravɪr-i]、伊道卡來[itokarai]等階級。伊道卡來爲司祭與最高統治級。更年老者爲長老級，平時稱爲馬利都愛[maritoŋai]，祭時稱爲伊蘇維愛[isuweai]，爲受特殊尊敬與享受的退休階級。階級服從與敬老尊長的制度，適用於生活各方面，在祭時、宴飲時尤須嚴格依照各人的長幼級組，排定座位；部落分配餽贈時，亦須嚴格依所屬級組而決定配量之多少。自「卡巴」

起，各人加入一個有專名的級組，自二十歲左右的男子至八、九十歲的男子，共擁有級組專名二十幾個，卽共有二十幾組。惟女子則僅有簡單的通名年齡級而無組織。

在有嚴格年齡級組的社會，通常有男子會所 (men's house) 的組織與建置。會所大多建在社的中心或入口處，用爲未婚青年的宿舍兼部落會所，其建築方式不一，在阿里山曹族稱曰庫巴 [kuba] ，沙阿魯阿與卡那布稱曰則庫瓦爾 [tsakuval]，布農族曰濟瓦生 [tsivalaŋ]，阿美族曰蘇徧 [suvi] 或斯拉拉登 [sulaladaŋ]，卑南族曰巴拉考温 [parakowaŋ]。少年級以上至青年級，通常應在會所住宿，接受訓練或擔任各種公共防衞事務。

男子過了青年級以後纔能結婚，結婚後雖然可以不在會所住宿，但其大部分生活仍在會所中過渡，在戰爭與出獵前日，通常需在會所住宿。在若干族中，如布農族、魯凱族會所，雖然已不存在，但其生活精神，大體仍保持不墜。

成年禮，在有年齡級組各族是非常隆重的。其儀式在行通名級組制的曹族、布農族中，都在年終祭儀時舉行。如阿里山曹族的成年儀禮曰雅斯冒瑤斯庫 [jasmojusku] ，在軍神祭 [meehaŋu] 後緊接着舉行。該年應加入的少年，於先數日卽行齋戒，是日於軍神祭送神後卽齊集會所廣場。老年級在將軍指導下集合於會所內，預備入會之少年一一被呼登上會所，由一老人代表以籐杖韃其臀部，並給以訓戒後自會所出口退下。加入者全體成禮後，由一老人率領至部落首長派雍西[peogsi]家門口，首長手持酒瓢，新進青年一一在首長手中飲酒一口而退；回家戴皮冠更易成年服飾，巡行社內一週，是夜卽舉行盛大舞會，以資慶祝。女青年達成年者，也於傍晚各備黑布頭巾一塊，集合於首長家中，由首長夫人爲之纏頭後，夫人持火把導之至會所廣場參加舞會。阿美族的成年禮，在北部南勢族羣曰馬薩斯瓦爾[misasural]。擬加入級組的少年，約一個月前卽齋戒，學習舞蹈，練習跑步，至宣布祭儀之日各持白鷄一隻、酒一罐，至編組頭目家集合，由上級長老及頭目率領祭祀軍神馬拉塔敖[malatao]，唸祝詞爲壯丁們祝福後，殺鷄爲宴。翌晨天未明，由長老向海岸出發，先行競登砂山以決勝負，然後以先到者領頭至海濱，浸足於海水中以取得生命的力量，前導的青年卽成爲級長，然後在海岸列成圓陣，由級長致詞，長老訓話，然後作圓陣歌舞。舞畢歸社更新衣飾，戴羽冠在級長家爲慶祝歌舞。翌晨，由級長領導至會所前舞蹈，然後各家飲宴。在南部以馬蘭社爲中心，自少年級時期卽秘密組織起來，開始自我訓練，練習跑步、摔角、跳舞等，到十

六、七歲時，自己認爲訓練已足，等到三年一次成年祭時，即參加海岸捕魚競賽曰密克西哀[mikisie]。其時自密爾姆爾梅級以下，依其級次在海濱搭起帳幕，住宿兩晚，新級長只參加各種服務。至漁畢歸社時，其姊妹或女友出迎，贈以新衣飾，歸社戴羽冠更衣加飾後，至舊密希尼來家參加昇級交代酒宴，此儀式曰巴納姆納姆[panumunem]。在儀式中自密希尼瑞至伊道卡來，各級皆有一定的尊卑座次，卡巴各級則在院中舞蹈，至宴會最後一節，由密希尼愛至會所迎伊蘇維愛之代表來會，正式舉行叉手飲酒禮，宣布新級的名稱。此式終了後，由新升入伊蘇維愛的初級至各級收取魚酒，以饗伊蘇維愛各長老，各家婦女並往會所送酒糕以饗各氏族長老，密爾姆魯梅，將此糕依級組資格分配於各級級長，由級長再分配於同級各人。當日卡巴各級繼續在會所廣場舞蹈，直至伊道卡來命令停止時才告結束。自翌日起新入組者各家輪次飲宴慶祝，連續數日而後停止。

第四節　喪葬

土著各族大都認死亡有善死與惡死的區別，因衰老或疾病死在家裏的人爲善死，被野獸、蛇類咬傷或墮岩、路斃、戰死以及自殺者爲惡死。

善死者，在其臨終時多數族羣及其家人必將其移置於地上，以草薦番布墊之，以死在床上爲不吉。彌留時家人爲之梳髮，洗臉或洗拭其全身，泰雅、曹族、布農等族皆易盛裝。賽夏、排灣、卑南、阿美等族則不易服，家人圍之哭泣。曹族、布農族與阿美族有作死別的輓辭者。屍體的處置，除南部阿美、卑南兩族以外，都用籐條布帶等縛尸。其式以兩膝屈於胸前兩手抱膝如蹲踞狀，倚於柱側固縛之。至殭硬後用番布緊包之。南部阿美與卑南族的屍體取橫臥式以番布或蓆卷包之。

埋葬的方式有室內葬與室外葬兩種。室內葬大體爲蹲葬，在自己家屋內挖穴深五，六尺，徑三、四尺，下置石板，鋪以番布，將屍體竪置其內，並將死者留下的衣服一同附葬，然後覆土，以石板蓋頂，再覆土後踏平。賽夏、排灣之一部與卑南、阿美等族則行室外葬。在社內山野隱蔽處，方穴而葬。

埋葬的時限各族略有不同，惟大都是三數日內卽行埋葬。埋葬後，作禳祓式，並將剩餘之墓土將死者的病床、衣物等棄於山野，各族大都有特定的棄穢所。辦理的人於拋棄衣物後亟行逃返，途中常以灰土向後擲撒，意在拒絕鬼魂的追逐。至家門以前，先脫衣洗身，破壁而入更衣。延巫師作禳祓式，全家赴溪邊洗浴更衣。大都在禳祓式以後，必須出獵、出漁共食，然後開始田間工作。

死者之親族對死者有喪忌的風俗，其最普通的方式是默默的留在家中不出門，停止工作，不飲酒、不歌唱、不高聲言笑、不着美服、不漁、不獵等。其他禁忌事項，各族多寡不一，如喪忌中不觸生麻、婦女不縫、不織、不舉杵聲、不梳櫛、不沐浴、不食魚肉。並有忌食鹽、忌食辣椒等風俗。

他們也有類似服喪的方法，最普通的是卸下身上的飾物，曹族、布農族有反穿上衣以爲喪服的習慣。排灣、卑南族的婦女有用挑織頭巾蓋頭的喪服，泰雅族的寡婦須剪下頭髮一束掛在壁上，該族的賽德克羣男女皆以麻線束髮，以黑繩結於腕上，賽夏族纏白繩以表示服喪。

服喪期的長短各族不同，泰雅與賽夏族因其親屬關係與行輩長幼而有區別。以夫婦間的喪服爲最重，賽夏族夫婦間守喪一年至二年，在喪服期內不得再婚，不得美飾。子女對父母，子守喪一年，女守喪五月，父母對子女亦同。兄弟姊妹與叔侄間守喪五月。曹族則同氏族者守喪五日，同社人則守喪一日；布農族各族羣喪期長短不一，郡社羣與巒社羣只守喪五、六日，卓社羣則服喪一月，亦有因親疏遠近而定喪期長短的風俗。阿美族特別重視夫婦之喪，一般親屬僅服喪三日至十日，夫婦的喪期則爲一年。卑南族普通親族的喪期是一個月，夫婦則爲一年。

惡死者，無論是被殺、橫死或自殺，都認爲凶死，其靈魂必變爲惡靈。其屍體的處置，普通不加飾殮，就地埋葬，亦有棄置不葬的。對戰死者的屍體，普通在戰場掩埋，賽夏族與曹族對戰死者的屍體只運至樹林中以樹葉或石頭掩蓋之。泰雅族運至不致給敵人發見之處而掩埋之。

橫死在路上或山野的，由發見者或其家人就地掩埋，掩埋處必作標記使過路者避開。曹族人，凡爲人掩埋橫死者，死者的家人，必以土地一塊爲酬勞。

若在家屋內橫死，如被殺、自殺或壓死、焚死等，則埋於該屋內而棄其屋。卑南族對於家中橫死者，不只棄其凶宅且須移住臨時家屋三次後，纔作正式的新居。每次移住時請巫師作一次禳祓祭。

第七章　身體加工與毀飾

第一節　拔　毛

拔除體毛的風俗爲臺灣土著諸族的共通習俗。自顏面之毛髮、鬚髯，以至於腋毛、陰毛，不分性別都有拔除的習慣。茲就體毛的部位分別陳述如下：

(一)額毛　土著諸族多以前額廣濶爲美好，故多行拔除額毛的習慣。泰雅族男女皆行此俗。阿里山曹族與沙阿魯阿、卡那布之成年男子皆喜拔除額毛，使成方額。北部阿美族之一部則僅行於婦女間，男子却無此俗。

(二)眉毛　修整眉毛，使成細長弧形如蛾眉，幾爲世界婦女的通俗。臺灣土著諸族，不只婦女普遍有此習慣，一部分母系社會如阿美族與卑南族的青年男子，也有修眉毛的習慣。南部阿美族，甚且惟有青年男子修眉，而女子忌之。否則以爲淫佚。

(三)陰毛與腋毛　拔除陰毛、腋毛，也幾乎是土著諸族的通俗。泰雅族除賽德克羣外，大多除腋毛而不除陰毛。賽夏族亦然。惟中南部各族，則皆並除陰毛與腋毛，如布農、曹、魯凱、排灣、阿美、卑南皆行此俗，北部阿美族僅男子拔毛而女子不拔。

拔面毛之方法，男子皆用竹片製成的箝子，女子則用麻線捻拔之。腋毛、陰毛通常用手指或箝子，也有用燒除法者。拔毛之俗，除愛美的動機以外，並無宗教迷信的意義。唯修眉之俗，在卑南族則有年齡身分的關係，只限青年男子為之，以為美好。成婚後則應停止。

第二節　缺齒及涅齒

缺齒的風俗，通行於臺灣北部與中部的各土著族間。自北部之泰雅、賽夏族、布農族以及曹族皆有缺齒之俗。男女大都在青春期以前（即十二、三歲至十五、六歲時）即行拔齒。所拔的齒大都是上門齒兩側的前齒兩個，及犬齒二個共四個。泰雅族男女多只拔去前齒兩個。賽夏族則男子也僅拔去上門齒兩側之前齒二個，女子拔去前齒兩個與犬齒兩個。布農族與曹族男女拔去前齒及犬齒。賽夏族之拔齒方法，用打牙法；以小鐵棒一根抵於欲拔之齒冠前面，用石頭打落。泰雅、布農族與曹族則用麻線兩端結於小木棒上，以麻線纏繞於欲拔之齒冠上，手握小木棒用力拉脫。牙齒拔出後，以冷水或鹽水漱口止血。

缺齒的原始動機，由於愛美的風俗，以犬齒露出爲醜，以白齒間朱舌轉動爲有風趣。不拔齒者每認其醜陋如猴子。

中部諸族，如布農族、曹族中，缺齒與年齡分級制有關。即缺齒手術大都在十一、二歲至十四、五歲時實行，卽在進入青年級以前的少年級時期就實行拔齒。以拔去前齒爲進入青年級的不成文條件之一。

實施拔齒的季節，通常限於冬季，因在冬季無發炎之虞。行拔齒手術者並非一定的專業，僅由其長輩親屬中具有經驗者爲之。施術前無占卜，施術時亦無儀式。惟拔下來的牙齒，則必需有特殊處置。如泰雅及賽夏族埋在屋前椽下；布農族埋在室內粟倉前柱下。曹族則塞在屋頂茅草中。大都認牙齒上賦有本人生命力之一部分，應妥予保存不使散失之故。

南部諸族如排灣、卑南、阿美、雅美都沒有缺齒的習慣，但他們普通的有咀嚼檳榔與染齒的習慣。因此各該族成年男女的牙齒都變得烏黑。阿美族之涅齒稱爲 mitulus。其法燒黃楊[ratai]樹皮，以鐵板於火上取其煙黑，用來塗齒，行數次齒卽變黑。另一種方法，則以黃楊皮燒成黑灰，將水和成墨汁，也可以用來染齒。卑南族也有涅齒之俗曰 pairia，男女皆行之。其所用材料與方法都和阿美族一樣。

第三節　穿耳

穿耳加飾幾爲全世界共同的風俗。土著諸族不分男女都有穿耳的習慣。泰雅族各族羣男女都在四、五歲到七、八歲時候穿耳。賽夏族在三歲至十五歲之間穿耳。曹族與布農族的男女也在七、八歲時實行穿耳。南部諸族更嗜裝飾，排灣、阿美及卑南族都有穿耳之俗。其穿耳手術必須在少年期中完成。

穿耳的方法，大體都是用橘針等植物棘刺貫通耳輪爲小孔。泰雅族以蕃薯一片墊於耳輪之後，用橘針刺穿爲孔，貫以細茅桿，男子則逐漸加茅桿至十數根使耳孔擴大；最後以蓪草塞入。賽夏族乘寒冷季節耳輪凍時以橘針刺之。曹族則先以手指撫摩耳輪使其柔薄後，先以粟兩粒置於耳輪上下以手指揉之爲孔印，然後以橘針刺穿。排灣族與阿美族用竹針穿耳。男子更加塞竹針使耳孔擴大。

耳孔的大小與耳飾的種類形態相關。各族女子多以垂下之耳墜爲飾，故耳孔皆細小。泰雅族、排灣族及阿美族的男子，喜用鉛盤、貝片、竹管爲耳飾，故其耳孔特大。惟近年男子施耳飾者極少。各族青年已絕少穿耳者。

第四節　黥面與紋身

黥面之俗，僅北部山地的泰雅與賽夏兩族行之。以泰雅族較爲典型，該族稱刺紋曰巴達西[patasi]，其刺於額部者曰 leboi，頤部者曰 ka'abai，頰部則曰 patasi，成爲其民族主要特徵。因此得黥面番之名。關於黥面的起源，有種種傳說，多數傳說與血族內婚有關，謂古時該族的祖先只有兄妹二人，妹怕其兄不肯與她結合，乃以煤煙塗面，而與其兄結合，後來子孫繁殖，一直保持着黥面的習慣。依慣例該族女子必在結婚前黥面；男子則必有一次參加出草獵首的經驗才有黥面的資格。其年齡在十六、七歲到二十歲之間。數十年前獵首風俗已經革除，代以狩獵的功績。如太魯閣羣，獵獲山豬一隻，才有黥面的資格。

刺面的紋式，男子在前額部中央及下頤中央部刺縱帶紋一條或數條，其紋式因社羣略有不同。普通是自前額上緣中央至眉心，以平行橫線作帶形紋一條，寬約一公分至一公分半之

間，自下唇邊緣中央至頤頷作同形之刺紋一條。惟道達羣（tauða）之額紋，則於中央帶形紋

泰雅族女人的面紋

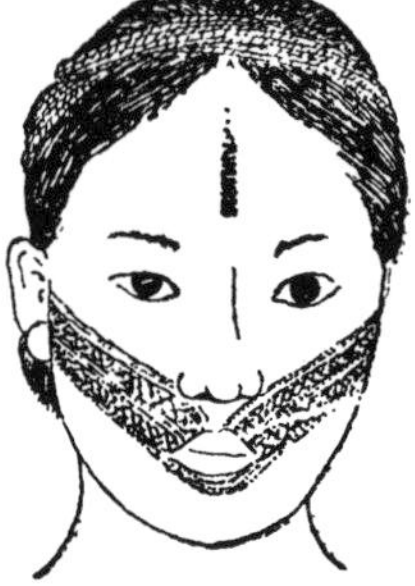

泰雅族男人的面紋

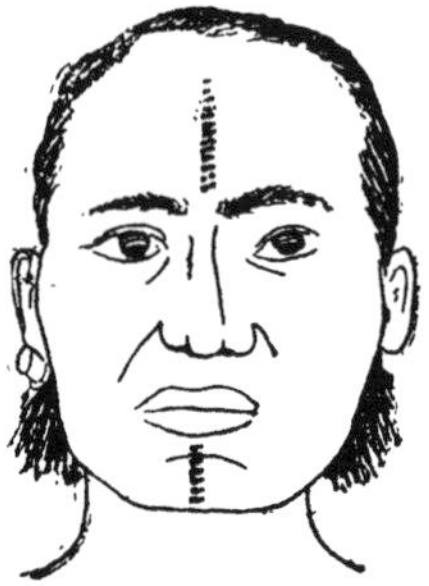

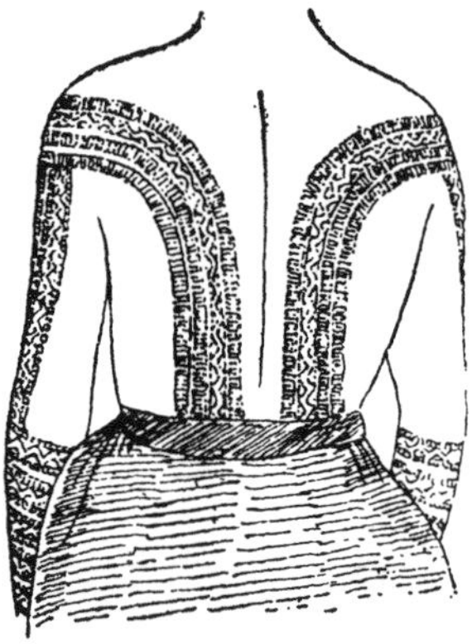

排灣族貴族男子的背紋

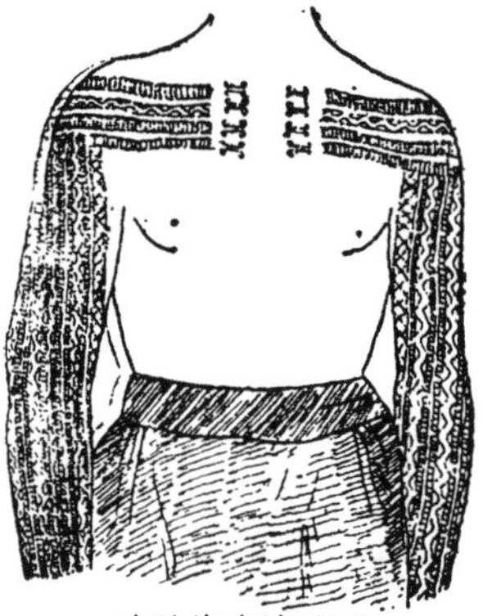

排灣族貴族男子的胸紋與臂紋

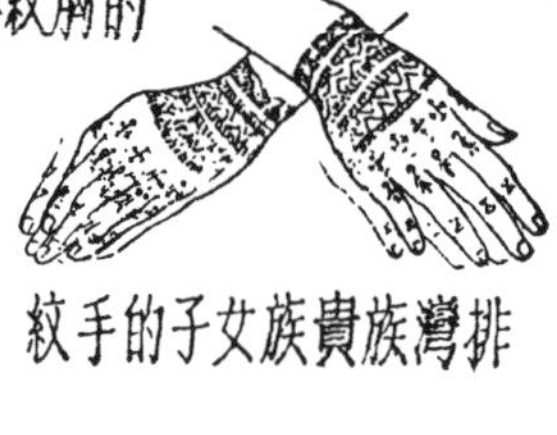

排灣族貴族女子的手紋

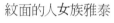

一條之兩側各加以窄帶紋一條，木瓜羣、萬大羣有在中央帶形紋兩側各加兩條之例。頤部刺紋則都只有縱帶一條。寬窄因族羣而有出入。女子面紋則在前額中央部刺縱帶形線紋三條至五條，道達羣婦女在中央縱帶一條至三條之兩側，作短帶形平行橫紋全紋構成十字形。兩頰自耳根至兩唇中央作寬約四公分至八公分之斜置帶形紋兩條，交叉於兩唇中央至下頤上部，其紋式寬窄因族羣而略異，普通是帶之兩邊及中央各作平行邊線四、五條，中間塡以斜交之織紋。

賽夏之男子採泰雅的窄形額紋與頤紋，女子亦然。僅刺前額及下頤中央部而無如泰雅式的寬形及十字形額紋。亦不作頰紋。

紋身之俗，在泰雅與賽夏兩族間亦平行的存在着。此外在排灣族，卑南族的貴族與阿美族的男女，亦間行紋身之俗。紋身的部位，在泰雅之卡拉衞族羣 [karapai] 與賽夏間男子僅有刺胸之俗。惟特別作爲獵首的標記，凡曾獵首一次者可開始在胸部刺橫紋兩條，其後再獵首一次則加刺橫胸紋一條。其紋與肋骨平行，中央留空隙約二公分向左右刺去，兩端約在乳頭以下一線。

其次爲紋腿，僅流行於泰雅族之賽德克系與北勢諸族羣之婦女間。多數僅刺小腿，以縱橫之平行直線紋、蛇紋、並列之圓圈紋與折曲線紋等互相配置。間有刺紋至大腿的。

刺手背、手掌及臂部、背部的習慣行於排灣、魯凱及卑南的貴族間，男子刺紋於胸背及臂部，女子則刺花於手背，以表示他們的特殊地位。這是一種階級習慣而不是民族特徵。北部阿美族的少年，有以木枝燒手腕手背，而以燒痕顯示其堅强勇敢的風俗。但沒有一定的紋式。

刺墨的工具，有刺針（以鋼針數根至十數根固定於小木板上，如牙刷狀）、小木槌、竹篦、以及煤煙，置於小瓢或竹筒內。刺墨時，讓被刺者仰臥於地上，由近親屬按其頭及兩手使勿動。刺墨者蹲於地上，左手持刺針，右手持木槌，依其習慣的部位圖案，用刺針對準皮肉，用小槌擊之使針刺入適當深度。出血後用竹篦拭除之，用指頭在其血跡上塗以油墨，如此反復爲之。普通一女子的黥面工作，可在一天內完成；男子的黥面，半日可成。不過也有因被刺者過於痛楚而延長至三、五天才能完成的。

刺面通常都選定冬季，以避免發炎。刺面術爲婦女的專業，行術者有一定傳授的人，大多是母女相傳；無女若可收養女以承受其技。男女之刺墨，都以整齊鮮明為美，雜亂暗淡為拙。為人刺墨一次，可獲定額的禮物與酬金，其厚薄因部落而異。女子若在刺墨前與男子發生曖昧，被認為不祥，必行祈禳，並須加兩倍以上的祈禳費用。

第五節 束腹

束腹，是曹族、魯凱族、卑南族以及一部分阿美族男子的特殊風俗，而以曹族之束腹帶[basoju]最為典型，用厚竹片削製而成，腰部寬而兩端窄，兩端各開二孔繫以麻繩，自後腰向前腹圍束，以繩扣縛，愈緊愈佳。男子少年級自十二、三歲即開始束腹，晝夜不解，僅於鬆弛時，重新解開束緊。直至五、六十歲解除作戰任務時始行解去。束腹的效用，在使胸圍及腿部發達，養成健捷的體格，可以節食、却病、善鬬、健走。乃青年戰士的基本訓練。魯凱等族之腹帶多以籐皮編成曰 təpeuθu，形狀與曹族相似，唯較柔軟。此風自日據時代中期以來已逐漸廢除。惟視各族老年人的腰際，還能看到其束腹痕跡。

第八章　藝術與娛樂

第一節　紋　飾

臺灣土著各族在造形藝術方面的表現，最常見的只是衣飾器物上附加的紋飾，泰雅族與賽夏族的男女，排灣族、卑南族的貴族男子有紋身的習俗。其他各族則只有衣飾器物上的紋飾，惟繁簡巧拙不一，各有特殊發展。除排灣、卑南及雅美族有象徵圖案以外，各族的紋刻圖案都是幾何形體的圖案，其紋飾的應用有下列許多方面：

(一)紋身的圖案　在有紋身習慣的泰雅、賽夏及排灣的貴族，他們的紋身圖案，只是簡單的點線紋的構圖，最常用的是平行線紋與斜交紋，偶用環紋與菱紋。泰雅族之黥面紋，男女的額紋與頤紋，都以短的平行線紋重疊組成，婦女的頰紋是以平行線邊紋與斜交線紋構成。其腿紋是以平行線紋與環紋，斜交線紋構成。泰雅與賽夏族男子的胸紋也只是平行線紋。排灣及魯凱貴族男性在胸背及手腕上的刺紋，也是以平行直線、曲線及斜交線爲主，女性則刺手腕、手背。卑南族女子也偶有手背上刺紋的習慣。其花紋與排灣、魯凱兩族相同在手背部爲帶紋，手指部有十字紋、貝紋、卍紋、人形紋，蛇紋等。

（二）飾物的圖案　土著各族的珠貝飾物，如額帶、項圈、腕環、足環等都是以方貝、螺鈿、與黑白黃紅諸色的貝珠串綴而成。其穿綴的花紋有平行線紋、三角紋、菱紋、環紋數種。曹族、布農族婦女用的頭圈額帶，以色線、玻璃管綴於紅黑布帶上，有平行線的邊紋與環紋、菱紋的中紋。沙阿魯阿族皮帽的前額，以紅布爲地，貝珠或玻璃管綴成花紋。泰雅族與阿美族男子的竹或骨製耳軸，螺製耳盤，曹族男子的貝製耳墜表面所刻的幾何形細紋，也只有平行線紋、斜交紋、曲折線紋等簡單刻紋。泰雅族的珠衣珠裙，用紅、白、黃、黑諸色的貝珠、玻璃珠織綴而成，其花紋亦相似。

（三）衣物的紋織與刺繡　土著諸族在衣物上的挑織與刺繡藝術至爲普遍而發達。其技術大體可以分爲三類：一爲織紋，古時各族婦女皆知紡織，輓近除曹族完全失去紡織技藝外，其他各族大都仍能保持不墜，在泰雅與賽夏族甚至以婦女之紡織技術與男子之武藝並重。而紡織技術的技巧，以織紋與挑織的技巧爲標準。泰雅族的麻布，大都用褐色或黑色的線織成平行線間隔條紋，在賽夏則以紅、黑、黃、紫等色線織成邊條或橫隔線紋，然後再用色線挑織花紋。布農與曹族男子的胸衣、胸袋與腹袋，都用間隔條紋麻布爲之。布農族的麻布條紋用紅、黃、黑、紫線織成，設色甚美而又調和。條紋帶寬窄相間，每一條紋帶亦以平行線條夾以帶條。用於胸衣、胸袋之斜置衣飾甚爲雅麗。排灣族貴族階級，有一種用深藍色線夾紅黃線織成的喪服頭巾與披肩，其花紋有菱紋三角紋、羽飾紋等，至爲絢麗。

二爲挑織，挑織技術，在賽夏、布農、曹族、阿美族中皆甚發達。用於男子頭巾胸衣，及儀式上用的無袖胴衣及背心。其法以白色麻布爲地，用紅、黑、黃、綠、紫等色線挑織幾何形體花紋，其紋式甚爲複雜，設計因衣物而異，如曹族與布農族之胸衣爲斜方布一方，依直紋挑織其全幅面爲若干寬窄平行的條紋，其寬幅紋帶挑以回紋、菱紋、方格紋等複雜的構合花紋，窄帶條則挑以鋸齒，折曲蛇紋等。賽夏族、布農族的無袖胴衣及背心，在背部、胸部及下襟布邊，挑織幾何形花紋種類甚多，賽夏之挑織較爲工巧，其長胴衣挑織前後下幅花紋爲橫帶寬窄相間，都以黑線爲界線，以紅線補空白，中央部必有寬帶一條爲主紋，挑以菱紋、斜交紋之主格，格線內及帶條內綴以万字紋、菱紋、三角紋、十字紋等細紋。線色以紅、黑爲主，間以黃、紫、綠、白等色，大致以中帶爲中心對稱展開。其背心挑織紋，以紅色線織成之質地爲主，間以黑色的界線與橫行窄帶。帶內織紋亦以三角紋、菱紋、虛線紋與點線紋爲主。帶紋與間線分佈稀疏而淸晰。布農族重胴衣而少用背心。胴衣的織紋，部位重胸部與背部。卽上幅滿織而下幅僅織邊條，其織紋以斜交線形成的菱形格紋爲主，配以三角紋、方格紋及平行間線、點線等，喜用紅、黑、黃、綠、紫等雜色相間，顏色鮮艷，對稱顯著，惟不如賽夏族之挑織紋有典雅之感。在排灣、卑南、阿美各族間，上述挑織技術極爲少見。但他們中間有一種更細巧的挑織法，通常在白色細布上，用黑色細線挑織爲更精細的挑織物，用以製作錢袋、檳榔袋等。除上述諸花紋外，尙有雲紋、富貴紋、插花紋等間於黑色線中綴以紅線。惟使用雜色線的，其花紋細膩平整，乍看好像原織物，其實也是手工所挑織。

三爲刺繡，這是表現於衣服上的一種紋飾藝術，一般挑織紋飾，大多加於男用衣物；刺繡則多加於女用衣物。北部二族，如泰雅與賽夏幾乎沒有正式的刺繡，她們通常僅在胸衣或袖口上加以挑織。偶在婦人用的頭巾兩端，加以極簡單的刺繡。中部的曹族刺繡技藝也很簡單，僅在婦女的頭巾、腰帶的兩端、胸衣、袖頭、裙邊、膝褲上加以簡單的刺繡，其花紋只有十字紋、折曲線紋、點線紋等。布農族則有較複雜的刺繡，用於婦女的頭巾、衣領、襟袖口、膝褲等衣服上，其花紋大體與挑織花紋相似而更纖巧。尤其是遷往東部與南部的布農族，因受排灣族的影響，更有顯著的進步。北中部山地布農族的刺繡反而落後，南部排灣族之刺繡最爲發達，尤其貴族男子的上衣，婦女的長袍與圍裙，皆極盡細巧之能事；男子上衣的領圈、前襟、袖頭都有寬幅刺繡，大都以菱形格紋與曲折線紋互爲構合，以黑色綢布爲地，加上紅、黃、綠、白以及金色線的花紋，花式頗爲雅緻；婦女領口、袖邊的刺繡花式變化更多，有卍字紋、富貴紋、插花紋、垂絲紋等。卑南族及阿美族有更高級刺繡技藝。其花紋除直線紋外，有弧線紋、環紋、花輪紋、葉紋以至蛇紋、人紋。其部位配置，也非復塡實花紋，而有稀疏配置的典雅構圖。其刺繡的主要服飾是男女上衣的領圈及前襟，男用圍裙以及女子衣裙的邊繡與中心圖繡。其次爲頭巾、腰帶的梢端邊繡。

第二節　繪　畫

臺灣土著各族，幾乎沒有正式的繪畫。雖然排灣、卑南及雅美族有很好的彫刻藝術，但繪畫至爲罕見，在全島各土著部落中，就如兒童用木炭在牆壁上的隨意塗鴉，也難得發現可以稱爲繪畫的東西，只有阿里山曹族及雅美族在其作爲部落象徵的盾牌上有用紅、黑二色畫的象徵圖案，各部落稍有不同，大體是四個黑色的三重圓環，內塡紅色的圖章，四環間有的用直線相連起來，有的在盾牌上下及中間界以橫線，該族男子的鹿皮披肩，背部有時用刀刻繪幾何形體的凹紋，塗以獸血。更近似記事繪畫者有二標本，一爲布農族、加奈多文社[Kanetovan]的頭目特勞姆馬克勞邦[tarom Magulapan]曾根據其老父的記憶，刻畫一種曆板。板爲檜木，長三尺、寬四寸，刻有記事繪畫，並在刻紋中塡以鍋墨。其刻畫紋如下：

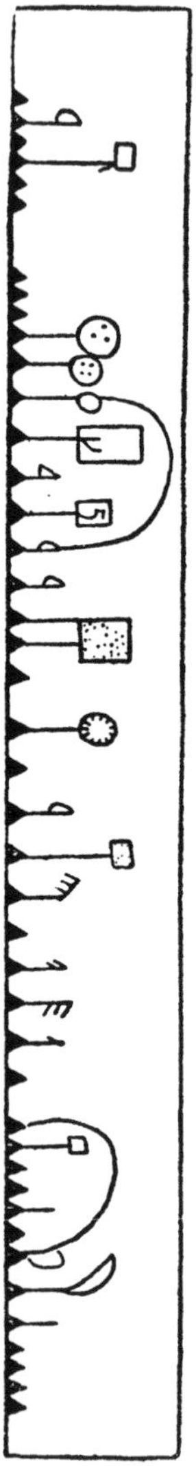

刻畫中每一▲表示一天，ᑫ表示用平鍋煮酒，□表示禁忌採薪，⊙⊙表示背簍內裝有芋頭，◎表示背簍中置有粟，(表示出獵，ㄣ表示鍬，用鍬開墾或耕作之意；[symbol]表示開墾粟田；◎表示數背簍中之粟；○○表示球戲；[symbol]表示水涸中的萓草；[symbol]表示鹿耳被擊之意；[symbol]表示豬；田表示旱田；[symbol]表示榛木。另外一個標本，是排灣族、齊庫灣部落[tsyakvukvan]

的大酋長家屋內的一塊高五尺、幅四尺五寸的木板上，有五十餘個刻畫，大都是人與動物多數是同形繪畫的重複。細加歸類，實際上只有下列十四種不同的圖形：

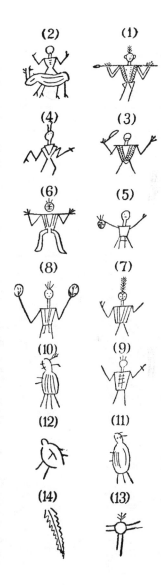

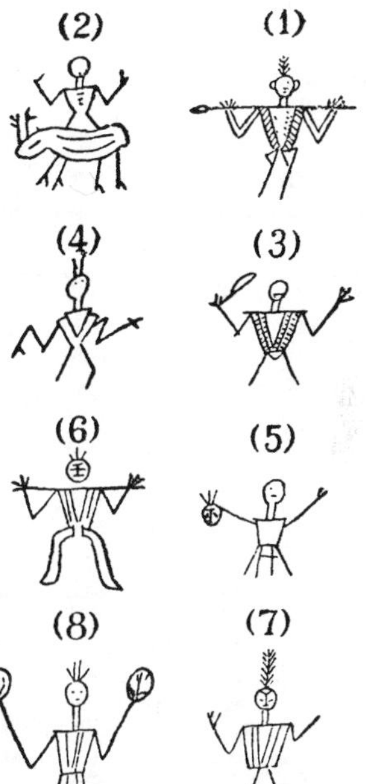

圖(1)土人盛裝持刺槍，頭戴羽飾，着上衣。(2)小孩騎鹿。(3)土人盛裝，右手執刀。(4)番人戴羽直立。(5)土人獵獲敵首，持髮提首。(6)番人飾鳥羽，橫槍於肩。(7)番人戴羽飾盛裝。(8)番人兩手持敵首。(9)番人左手持木棒。(10)牡鹿。(11)小鹿。(12)羗仔之牡。(13)兒童戴羽飾。(14)蛇。這些圖畫　該部落人都視爲聖物，似爲贊美祖先歷史的刻畫，但已不能道其由來。從這種板畫可以看出，它們雖已進入了寫實畫的階段，唯其線條仍甚簡單，所用曲線部份仍舊很少。象徵意義仍甚濃厚，對同一事物通常使用同樣的線條與圖形。

第三節　彫刻

土著諸族大都有彫刻藝術。惟北部與中部諸族的彫刻至爲幼稚，只有若干線刻與凹刻，僅在裝飾物、樂器、武器與煙管上刻以若干幾何形體的線紋，在南部諸族，如排灣、魯凱、卑南、及雅美等族，都有浮彫及立體彫刻，尤其排灣的彫刻藝術，有相當高度的發達，有甚多祖先像彫刻與木偶。北中部諸族的彫刻，只有紋飾的意義，其藝術性極低，無獨立性質，彫刻物的種類亦少。如泰雅族僅在竹製耳軸、笛管、煙斗及籐鐲、口琴竹套上加以簡單的平行線紋、斜交紋、鋸齒紋等刻線內塗入黑色。賽夏族也只是偶爾在口琴笛管、弓背上刻以幾何形線紋。布農族與曹族常在刀鞘、弓背上刻以三角形缺口或點紋，用以記錄其獵首及獵獲的回數。此外在貝製耳墜上、骨製口琴套上、橫笛及鼻笛表皮上，刻以幾何形線紋的習慣，曹族的山豬牙的臂環上、皮披肩上也有以刀劃刻線紋的習慣。不過這些刻紋都只限於直線的，且都僅屬飾紋，而少深刻的藝術意義。

惟南部諸族的彫刻，其性質完全不同，是屬於象徵的，乃至寫實的彫刻藝術。其彫刻術有凹刻、浮彫、透彫與立體彫刻。其彫刻器物的範圍也甚繁多，尤以排灣族最盛，其器物種類有刀柄、刀鞘、槍柄、盾牌、火藥盒、槍托、巫具箱、祖先神像、樂器、飾物、食器、酒器、煙斗、石灰盒、門楣、庭柱、窗框、門板、木枕、玩偶、木盒、木桶等。其彫刻器物的質地，以木刻爲主，兼及石刻、骨刻、竹刻，排灣族的彫刻器物最多，藝術亦最精進。其代表的彫刻作品爲門楣、木桶、祖先柱的浮彫。飲食器具、飾物用具的透彫或全彫，如雙杯、煙管等，以及神像、木偶等的全彫。最常見的彫樣是人首與雙蛇。其次爲裸身人像、鹿、豬、鼠以及繩紋、菱紋等。魯凱族的彫刻藝術，大致與排灣相似，不過種類較少；卑南族的彫刻藝術，則稍粗簡。阿美族的彫刻限於器物飾彫，而少見板柱，浮彫及玩偶。雅美族則船身船頭的彫刻與短劍鞘柄的浮彫特別發達。器物飾彫與玩偶亦甚精巧。

第四節　音樂與舞蹈

土著諸族的音樂，一直停滯在相當原始的狀態。其樂器種類極少。各族間普遍存在的樂器，僅口琴、竹笛及弓琴三種。口琴是寬約一公分、長十公分左右的竹片，中央鑿細長孔，以有彈性的契形的簧，固定其一端於長孔的上端，竹片兩端有孔穿線。往往有兩三簧的口琴。彈奏時左手把口琴凸面向內銜在口中吹奏，右手輕輕拉動琴線以調節音色。竹笛有直笛、橫笛及鼻笛三種。泰雅族與賽夏族只有直笛長二十五公分至三十公分，前面開四孔，後面開一孔。中部的布農、曹族、排灣、魯凱都有橫笛與鼻笛，橫笛長約二十五公分，一端有節，前面開四孔，背面一孔。鼻笛兩管並列，各開三孔，排灣的鼻笛每管開四孔，長如橫笛。弓琴爲布農、曹族、阿美族及卑南族所共有，以竹片爲弓，月桃草的纖維爲弦，弓約二尺幅一公分半，奏時上端銜於口中，左手握弓的下端，以姆指壓弦底，右手彈弦的中央部作音。

布農族與日月潭的水社有在石地上搗杵作樂的習慣。以長短不同的杵搗擊片石板作樂。杵長者達丈許，短者三四尺，依次搗石作韻聲。

阿美族在婚禮中，由多人持竹筒扣地，作特殊樂音，其竹管上部留節，下端挖空，其聲響亮如敲鼓。該族並有大鼓、銅鑼，以木挖心爲筒，上下蒙以牛皮，如漢族的大鼓，以木捶擊之。銅鑼大體得自漢族。

賽夏族有矮靈祭[pastaʔai]，其祭儀舞中有兩種作節奏的樂音，一曰卡利其利[kalikili]。是一種以三叉木枝做成扇形的架子，邊緣飾以采色布條與銅鈴，這大概爲羽冠的模型。一人頂在頭上不斷曲股而跳，作擦擦之聲。另一種名曰拍韃西[patasi]，爲一種三角形臀牌，飾以珠琉

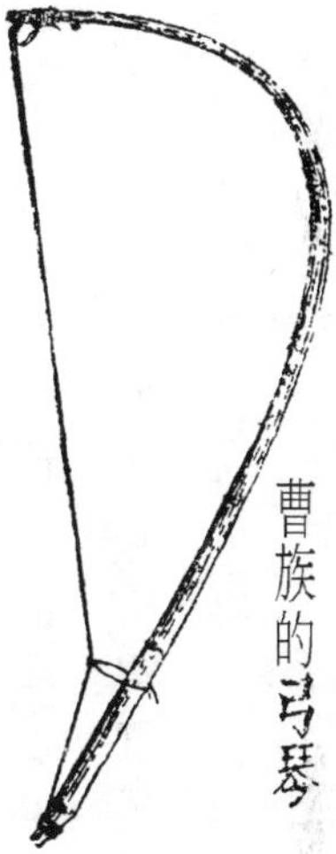
曹族的弓琴

阿美族的竹鼓

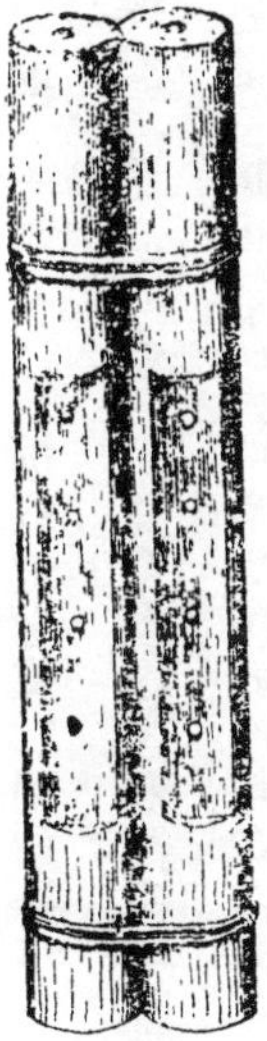
曹族的鼻笛

布農族的口琴

布農族的橫笛

與竹管，跳舞時臀部前後擺動，作叭拆叭拆之聲以調節舞步。

各族的歌曲比樂器有更高的造詣，在祭儀婚禮和酒宴中都必有歌舞。歌曲大體可以分爲祭歌、酒歌與工作歌曲三種，祭歌大部是集體舞蹈時在室外合唱的歌曲，歌曲開頭與末尾，常附有低沉悠長音調的序曲與尾聲。歌曲常重複或間隔反覆，音調哀怨而單純，極少短音節的裝飾音，內容大致叙述其民族起源神話，或歌誦其古代英雄的戰史。最有名的祭歌之特例，如賽夏族矮靈祭的祭歌，有曲譜十六種，歌四十八章。沙阿魯阿的密阿道敎斯[miatogos]祭歌也有曲譜八種，歌詞二十六章。其歌調依歌詞之內容有陰沉、悠揚、强毅、興奮、愉快等不同的情調與變化。阿美族的成年禮儀與曹族的祀天祭儀中，也都有連續的樂章，其樂階最簡單者有三音，最複雜者有八音。其歌唱法大部是齊聲合唱，卑南族與阿美族有二部合唱與和聲的歌法。酒歌是在招開飲宴時在室內唱的歌曲，普通是一人獨唱或少數人合唱，其歌曲普通是套合着較短的曲調，臨時配以卽興歌詞，首尾也有照例的頭句與尾句。在北部與中部諸族，仍屬於哀怨凄愴的情調。其音調仍甚簡單。唯南部各族，如排灣、卑南、阿美諸族的酒歌，情調較爲愉快，也有二部合唱及和聲唱法。參加合唱人數也較多，常由少數人唱詞數多人和聲。第三種歌曲是工作歌曲。如田間耕作時的鋤草歌、收穫歌、舂米時的杵歌出、獵行進中的歌曲等，其歌調比較簡單，常有固定的歌詞。

舞蹈在土著各族間也有程度高低之差，大體言之，南部各族優於北中部各族。各族都以歌聲調節舞步，極少有應用樂器的，連拍手擊節也極少見，舞蹈大體可分爲祭舞與酒舞二類，祭舞是集體舞蹈，以部落或祭團爲單位，參加人數常自數十人至數百人，男女合舞。其布式多數是大家互相交叉携手成一字平陣或環陣，自右向左移動而舞，以少數善歌者列於前端，或一人立於中心以爲音頭，大家隨聲歌舞。舞步都甚簡單，最普通應用的有兩三種，一種是右足先向右方跨開一步，左足向右足後方跟一步，上身前後搖擺，如泰雅的密焦舞 [mit-siu]，賽夏的矮靈祭前部舞，阿里山曹族的粟祭舞都屬於此類。另一種是三步舞，先以左方跨過右足前方一步，再以右足運至左足之右側，再以左足向後退一步。阿里山曹族的粟祭舞中亦有此種舞法，南部諸族如排灣、卑南及阿美族的祭舞有較複雜的舞步，如排灣族的庫馬拉接那 [kamalatsina] 舞，右足先向左方移動，然後向右方退一步，起左足，然後以右足向左方一跳後，左足併下於右足側。阿美族的成年祭舞亦屬此種動作。阿美族馬蘭社人的舞，左足先踢起一搖後放下，右足一頓，接着一踢一搖，左足一頓，右足放下，如此交替爲之。

酒舞普通在室內或庭院內飲酒時爲之。由二、三人並肩而舞或四人對舞，其舞蹈方式，較祭舞略爲複雜而有表演意味。如泰雅的姆薩利保〔musalipo〕舞，婦女口中銜着口琴，上身左右搖動，右足踢起，左足一躍，更番爲之。排灣族的魯馬克齊克齊朗〔lumaktsurang〕舞，爲部落首長家求婚時款待賓客的酒舞，男女數人互相携手，屈兩膝右足先向前方踢起，再向後方一搖，左足尖向左方跨跳一步，右足跟着向左足側踏定，隨着左足踢起，更番爲之。還有一種酒舞名魯馬金〔lumakin〕，男女數人並立成列，各自以兩手交叉於胸前，右手的食指與左側隔一人鄰人的右手姆指相鈎，左手姆指與隔一鄰的左手食指相鈎，以歌伴舞。阿美族有一種酒舞曰馬拉卡則衞〔marakatsawai〕，由老婦人在酒宴時候向貴賓獻舞。其舞法開始時右足先向左足併攏一下，再拉回原處；左足亦如法向右足併攏後再拉回，兩手下垂依勢左右擺動；跟着兩腿下曲，兩臂自左右向上曲，指尖相對，然後放下，兩足交互向前方伸踢。此種舞蹈大體屬於模擬舞蹈的類型。在賽夏及曹族等的祭舞中，雖然大部是集體體操式的跳舞，但也有一部由少數人表演的模擬式舞蹈。如賽夏之矮靈祭儀中的迎神與送神舞，阿里山曹族軍神祭中的迎神送神舞，有招手、蹈足、揮刀、頓足等舞態，都屬於模擬式舞蹈。阿美族的酒舞大體也是模擬性的。

第五節　遊　戲

土著諸族的遊戲方式，大部是競技性的。觀賞性的遊戲非常之少，其多數方式與體格訓練及戰鬪訓練有關，智慧啓發的競技，極爲少見。屬於前者的如賽跑、攀岩、游泳、跳高等，長距離跑步或疾走，爲土著諸族男子極普遍的訓練，尤其如卑南及阿美族的少年，以疾走訓練爲進入青年級的重要條件之一，列入成年儀式的首節。兒童遊戲時常以賽跑競爭勝負，游泳不只在海濱的阿美族與海上的雅美族有極深的造詣，其他山地各族，也多知道在溪流中游泳。兒童與成人在夏天多在溪流中游泳沐浴，並作游泳競賽。惟山地各族的游泳只有蛙式，阿美族與雅美族則並知仰泳、立泳、拔手等泳式。攀登山岩的競技，也是山地各族男子極爲普及的訓練。如曹族的獵山豬遊戲，卽爲攀岩遊戲之複雜化。跳高的競技，在賽夏族列爲其有名的二年祭矮靈祭儀中的餘興，以直徑三寸左右、高一丈左右的幼樹幹兩根插於地上，中間架一橫桿，橫桿上掛有許多稱爲鈴拉敖〔linlao〕的樹葉，參加者約自二十米處疾馳至橫架處，卽跳起以右手高舉摘取樹葉，取得者以爲榮譽。

武藝的競技，最普通的是弓箭與火槍的射擊競賽，如阿里山曹族、沙阿魯阿族及賽夏族，除盛行射箭打靶外，還有用柚子等投抛於空中。射鵠的競技方法，布農族、阿美族盛用火槍，自十一、二歲的幼兒至成人常以打靶爲戲，通常在樹幹或樹枝上畫一圓環爲標的，打靶爲戲。還有一種投瓢競技，以瓢實或柚投置於山坡高處，自山坡低處相隔五、六米地方，以箭桿向之投擲，中者卽刺在瓢實或柚實上。泰雅族、曹族、布農族都有此種遊戲。曹族與足農族還有一種「投茅」的遊戲，在粟收穫祭時在野外採伐茅草，去其下葉僅留梢葉二、三片，分壯丁爲二組，輪次投擲如擲標槍，遠者爲勝。排灣族的五年祭（Malavo）祭儀中有刺球戲爲主要的儀式。以綜線爲球，以長竹之一端削尖，一人抛球於天空，數人持竹槍刺之，中者爲勝。

投石戰，布農族與阿美族皆有此俗。布農族干卓萬羣的青年常互相擲石爲戲。北部阿美族薄薵與荳蘭兩社的青年，在播種祭與收穫祭中，以投石戰爲一種儀式的遊戲。石戰之前夜，兩社青年先在戰地露營，出戰時着粗麻線織成的戰衣，以厚布纏頭，手持籐盾，以石子挾於特製的裂竹上互相投擲，雙方組有輸送隊與救護隊。酣戰至一方負傷不堪應戰時爲止。

獵首遊戲，亦爲北部諸族最喜歡的一種遊戲，泰雅族之賽德克羣、布農諸族，及南部的卑南族少年間，皆極盛行。其法以芭蕉一株僞裝作敵人，競賽者自距離六、七米處對目標疾馳而上，用槍刺之後，再拔刀斬其首，以動作敏捷者爲優勝。

摔角的競技，在南部各族間也很普及；還有角力，壓棒等個人對個人的競技。抽㧅螺的競技，在布農族與曹族都成爲儀式性的娛樂。在粟祭以後，成年男子也都參加競賽，其法自五、六米的距離外，置一密編的竹簍，用結於長二尺許的木桿上的長繩，纏繞於木製㧅螺的中腰，然後擧桿向竹簍摔去，以投擲在竹簍內能旋轉時間較長者爲優勝。

打鞦韆的遊戲，也普遍流行於各族間，大多是以籐條掛在樹枝上，以其中央部份爲環懸於空中，坐在籐環上前後搖擺。

觀賞性遊戲種類較少。如阿美族的放紙鳶，卑南族的鬪雞，卽屬於此類。

兒童的遊戲，徒手者有捉迷藏、摔角、拌角、打鞦韆等；使用玩具的有竹砲、水砲、小弓箭、推螺、踢石子等；屬於智慧啓發的有石子棋、挑線等。泰雅族與布農族的女孩，有咬葉紋之戲，以牙齒咬芭蕉葉作花紋。阿美族的小孩，盛行放筍皮紙鳶。曹族的小孩，以竹片削薄結於繩端，縛於小竹桿上揮舞，作鳥鳴的聲音。泰雅的兒童有編葉及騎竹馬之戲。布農族的兒童，則常拍桑皮球為戲。

第九章　道德、法律與戰爭

第一節　道德觀念

在臺灣土著社會中，道德觀念與宗教、刑法及生活習俗混淆不分。其善惡、是非與吉凶禍福觀念也互相混淆。大體說來，消極的抑制觀念，多於積極的砥礪觀念。個人的德性經包含在社會德性之內。個性的發展經常受社會風俗的限制，部落的利益超乎一切之上，集常的是非觀念，掩蓋了個人的理性判斷，部落英雄常是最能體認部落傳統德性的人。雖然若干特殊的個人可以創造新例，但他必需不超越其所處社會的德性範疇，不違反其所屬社會公認的是非。

自然，我們也可以見到若干超越種族、地域的一般道德標準，如公平、勇敢、廉潔、仁愛、信義、忠誠、孝敬、謙和、貞潔、自我犧牲等德性，在他們中間的特殊發展；但此等道德感情，常受部落感情的限制。如仁愛觀念，常限於本族及友族的範圍以內。如與敵族戰爭中，常不惜殺害敵族的老幼婦孺，因爲他們是屬於敵族的。但如敵人棄械投降，則絕不加以殺害，且常有收敵人爲養子的事例。

公平、忠誠的德性，也只適用於本族與友族間，對敵族不妨自私、欺詐，他們在出草戰爭中，常使用誘敵、伏擊的手段；但在同族間，無論是出獵出漁的團體，絕不容許有欺詐自私的情事。

廉潔、誠實的德性，在他們常發展到極高的程度，如狩獵的獲物，除了獵主應得的頭骨、皮毛外，其獵肉應分贈於族人，從無私自隱匿的事。

勇敢、榮譽與自己犧牲的精神，爲他們普遍的德性，普通的部落英雄，常是戰爭與狩獵中的勇士，尤其是能單身深入敵陣殺敵致果者。不顧性命以追求榮譽，如格殺猛獸，克制強敵，爲每個勇士提高自己地位的唯一方法。惟失敗則在任何情形中都是恥辱。他們對失敗者從不予以同情。族人在戰爭中被殺認爲凶死，僅予就地掩埋或棄置林中不顧。

信義，爲最廣泛之道德，卽對敵人也必信守誓約。如與敵方部落約期會戰，絕不提前或延期，對於賠償或債約，雖然他們沒有文字，但口頭誓約皆能堅守不渝。

敬老的風俗，不只在有年齡分級制的社會嚴格執行，卽在無年齡級制的社會也是如此。

長老的決定，縱屬不合禮者，也必信從。他們普通以祖父母或叔伯父母的稱謂，稱呼老人。漁獲或獵獲的餽贈，老人有優先的享受。

亂倫與性的放縱行爲，他們都視爲極嚴重的犯罪。雖然若干族羣在祭儀飲宴與舞蹈中，男女交際非常自由，甚至時常有猥狎的動作，如阿里山曹族的魯富都部落，以前曾有一種極猥狎的祭儀節目，在粟播種祭中，必選美女騎坐於一青年的身上，把一種白花研碎；但此種儀式，曾因一少女被迫與共行儀式的少年强姦，墜岩自殺而廢止。該族的沙阿魯阿族羣在彌阿多敖斯祭儀中，有青年男女儘情調謔的一夜，但他們絕不能眞的發生性的關係。泰雅族、布農族、曹族古俗，有以少女賠侍貴賓渡夜的風俗，但如眞的發生姦情，則必被主人斥責。卑南族與阿美族的少女，在求婚期中可以自由與男女調情，但若眞的發生姦情，則爲青年男女莫大的羞辱。卑南族有專爲羞辱姦淫者的赭衣，因男子在少年時代爲了體育與武技的訓練，必須禁絕性慾。既婚男女的貞操觀念，無論在父系或母系社會中，都是雙方對等的。亂倫行爲不只認爲嚴重的犯罪，且認將招致家族或部落的災禍。

第二節　犯罪與刑罰

如上所述，土著社會的法律觀念與宗教道德觀念，常不易有清晰的分界，因爲他們都沒有成文法，只有習慣法。宗教的禁忌與法律的禁例互相連結。社會觀念常蓋過個人觀念。由於沒有系統的法律，所以一部分犯罪行爲，聽諸神罰；一部分任私人報復。犯罪的行爲雖屬於個人，但犯罪責任則常屬於親族團體，罪刑的範圍以部落內爲限。犯罪的種類，大體分別如下：

(一)殺人傷害罪　殺外族人，自然不爲罪行，本夫殺死奸夫，普通不認爲犯罪。出於正當防衞而殺人，在南部諸族都不論罪。對放火竊盜犯之殺害，也不論罪。異部落間之殺害，普通靠復仇或戰爭方法來解決。故意殺人與過失殺人，常有顯著的區別。過失殺人者，如出獵時誤殺同伴，常只處以輕微的賠償；故意殺人之罪，普通放逐或責罰其本人，沒收其親族的財產，以爲被害者親族之賠償。在阿美族中，如被殺者爲兇手的尊親屬，其放逐期間特別延長至五年或十年，被殺的若爲卑親屬，則有復仇的權利。泰雅族的殺人罪，罰以珠裙十件至三十件。排灣族或魯凱族殺人犯，監禁於山中數月至數年不等，並沒收其財產的全部或一部分。傷害罪普通是按其輕重處以賠償，並常需備酒肉向被害者謝罪。

(二)財產法及其罪刑　財產所有權制度，各族間雖有若干差異，惟大體上公有制度甚於私有制度，凡未加人工的自然財富，普通是屬於部落；自然財產的取用，以先占權爲根據。獵場漁區常爲氏族、祭團或村落所共有，各有其自然與人爲的疆界。其他部落人的侵占，就成爲引起戰爭的原因；卽同部落人進入他人的獵場，亦需事先取得地主的同意，並須以其獵獲留贈與地主，稱爲獵租。漁區的使用權也與獵場相似，進入他人的漁場，必須事先獲得許可，養有魚苗的區域，置有禁漁標識，是絕對禁止他人捕魚的。毒魚法與堰魚法只有漁區主人集體捕魚時纔能使用。土地由氏族或村落共有，而分配於亞氏族或家族耕種，公地與休耕地在取得氏族或地主同意後纔能墾種，房屋與生產工具，屬於家族所有，武器與衣飾爲個人的財產。

財產的移轉有承繼、贈與、賠償、租借、沒收與交換等方式，不動產的交割，常有隆重的儀式。違反此等規定的侵占行爲卽爲犯罪，對於動產的侵占或毀損行爲，其方式有竊盜、欺詐、侵占、毀損、放火等犯罪。

對於財產犯罪的處分，普通是物歸原主，並課以賠償，有時加上打責、囚禁的刑罰，竊盜罪的屢犯者，有處以放逐或毀損其手足之刑罰。布農族對於犯竊盜者，處以割耳之刑；放火罪常處以嚴刑，沒收全部財產之外，且毆打或囚禁之。

(三)姦非罪　土著諸族也認性交是限於合法的結婚配偶間的行為，而他們的婚姻普通有親族外婚與近親禁婚的限制，違反此等禁制的婚姻與性行為即為犯罪，也是嚴重的禁忌。犯者即使未被舉發亦必受神譴，會被蛇咬，或墜崖負傷，通姦的犯罪與刑罰，可分下述幾種：

(1)强姦——强姦罪在土著社會至為少見，因為多數族羣都認强姦未遂，只是一種猥褻行為，强姦既遂，則極易認為通姦。如排灣族强姦未遂只當成一種猥褻罪，處以辱罵的輕罰；强姦既遂者，除非有女方抗拒的證據，即認為同意姦通。阿美對强姦也沒有社會制裁，僅女子本人至姦夫家中奪其番刀、家具等以為賠償。泰雅族與曹族則被强姦女子的父兄對姦夫施行毆打，以為報復，魯凱族亦視强姦與猥褻同罪，科以鐵器、豬、酒等賠償。若被姦者為已婚婦女，則姦婦須對其夫提出賠償。

(2)通姦——普通是指已婚夫婦間的行爲。惟泰雅族未婚男女間的私通，亦認爲通姦，卽指一方與其配偶以外的人發生性行爲而言。通姦罪的構成，在父系社會中普通是由夫方擧發，在母系社會則夫妻兩方都可提出交涉，惟擧發的一方必須當場發見或獲得證據。若止於謠傳，不能成立，惟謠傳可以構成離婚的理由。對通姦的制裁，通常承認本夫有殺死姦夫姦婦的權利，在泰雅族姦婦之兄亦有殺死姦夫姦婦的權力，卑南族的丈夫如在現場發見姦夫姦婦，殺之無罪；否則科以豬、頭飾、珠裙、土地等賠償，魯凱族與排灣之布曹爾羣，本族可殺死姦夫，但不能殺死姦婦。曹族與布農族除處姦夫以毆打之刑外，並可要求賠償。在若干族羣中，姦夫姦婦的父母，必須拿出賠償給部落，或殺豬、釀酒爲禳祓。在阿美族姦夫姦婦的母家都得罰牛一頭至數頭。曹族的沙阿魯阿與卡那布羣，對姦夫只科以毆辱之刑，姦婦則聽其夫家從輕發落。賽夏族對姦夫處以贖刑，並罰酒肉分予社衆，更可向姦婦的娘家科以賠償；有婦之夫與人通姦，妻家可向男家要求賠償。

(3)近親姦——土著各族的婚姻，在有氏族組織的賽夏、布農族、曹族、阿美及卑南族，原則上都守氏族外婚的法則，其範圍有時是聯族 (Phratry)，有時是氏族 (Clan)，也有少數是亞氏族（Sub-clan）；他們除本族禁婚以外，還有母族禁婚的法則。在沒有氏族組織的各族，也有親族三世禁婚的法則。因此近親婚的禁則雖有範圍廣狹，乃是一般的法則。而且此法與其說是法律，無寧說是一種嚴重的禁忌。違反者被認為莫大的不祥，必招致其親族及部落的災禍。犯者普通處以放逐之刑，全社必舉行禳祓。

(4)公罪——凡違反公共社會利益與禁例的犯罪，最嚴重的是通敵罪，私自與敵族往還，尤其是在有戰爭糾紛時通敵者，各族大都處以死刑。此外對誹謗部落首長或對階級慣例的違反，對公共財產之侵占等，普通都是科以毆打、侮辱及贖刑。未得部落首長之許可，擅自出草殺人，掠奪外族的財物，而引起外交交涉者，常處以放逐及賠償之罪；侵害首長或頭目之身體，從重處罰，常沒收其全部財產，放逐其本人或處以死刑。

關於犯罪的控訴或處罰，通常由被害者的家族或氏族先向犯罪者的親屬尊長提出交涉，依照習慣法處理；如不能解決，然後控告於部落首長或頭目。輕微事件，由部落首長自己處理；重大事件，則須召集各族長老，舉行部落審判，若干族羣中，有專司刑法的執事。普通由部落首長令被害家族執行報復，或由臨時指定人員執行。

若不服判決，或嫌疑犯為了辯誣有神判的方法，第一種是出草，由雙方當事人或兩嫌疑犯同時出草，以獵獲敵首者為勝訴。第二種是出獵，以獵獲者為勝。第三種是角力，以勝負分曲直，若不分勝負則作和解方式。

對於殺人、傷害、侵占等糾紛，處罰以外，常舉行和解儀式，尤其對於殺人、傷害、通姦等犯罪的和解儀式最為隆重。犯人被放逐或監禁滿期後，家人備酒肉至被害者家中謝罪，任其家人辱罵，如魯凱族與排灣族的凶手，須穿女裝到被害者家中致祭賠禮後纔算解決。

第三節　出草與戰爭

土著諸族除蘭嶼的雅美族以外，在過去都是勇武好佔的獵頭民族，他們不但在不同的族羣間常處於戰爭狀態，即在同族的部落羣間，有時亦陷於戰爭狀態。他們除了本部落，以及正式結為同盟的部落間以外，通常對於他族都稱敵人。如泰雅族稱敵人曰拍利西 [parisi]，布農族曰配西 [paisi]，曹族的哈古 [hagu]，阿美、排灣的哈拉 [hala] 皆作廣義敵人的解釋。同部落或親族團體有血仇的義務。過去土著族間的獵頭戰爭，普通稱為出草。出草之目的為獵頭。昔時各族男子皆以獵頭多者爲榮耀。獵得敵首後社人圍而作祭，並爲種種慶功飲宴，敵首骷髏收集於社中，置於敵首籠或敵首棚中，以爲全社的榮譽。現在此風早已絕跡，但在最勇悍的泰雅、布農兩族的若干部落，停止獵首戰爭，不過二、三十年，記憶猶新。其他各族老人間，也還記憶着不少血腥的故事。

出草的方式，分團體的與個人的二類。公的出草，乃部落的儀式行爲，如社內疾疫流行後，常以出草爲禳除手段。私的出草，是爲了個人的榮譽。其主要原因是爲了復仇、洗冤，或純粹爲了表示個人的勇敢。有時也爲了禳祓厭勝。

正式的戰爭，大體先由部落會議決定後，招集有作戰任務之青年組成作戰部隊；有的由首長親自率領指揮，通常由專司作戰的總指揮率領出發，以青年爲主力，有年齡分級制度的諸族，尤其如此。四、五十歲的老人，亦可志願參加，出發以前，先將老弱作疏散戒備。出草則多由少數人單獨執行，也有正式邀集同伴組織小戰團體，其戰團人數少至三、五人，多至二、三十人，普通喜歡奇數。

決定出草後，先行準備武器、矢彈、乾糧及服裝，開始齋戒，嚴守若干禁忌，如戰士自己不得與婦女同居，甚至不親授受或交語，不觸生痲、籐；出草期間，家人不擧火，婦女不紡織等。有男子公會各族，出草前日，戰士皆需集中會所內渡宿，擧行夢卜；指揮者須到野外發火作祭，擧行夢卜。夢吉者纔能出發，否則延期，出發前指揮者還須在社外途中執行鳥卜，以自己走的路分爲左右兩邊，聽取特定卜鳥的鳴聲，右邊代表自己，左邊代表敵方。以鳴聲清脆者爲吉，嘈雜者爲凶。妻子懷孕或生子未出禁忌者，不能參加出草。正式出發時，多數族羣擧行軍神祭，或授燧具，戴敵髮等，各人携網袋，內裝乾糧及凱旋時的服裝等。

戰鬪用的武器，各族大都使用弓矢、刀槍。遠戰用弓矢，近戰用刀槍。據阿美族的傳說，他們曾有過一個石戰時代，以繩網拋石作戰，泰雅族的傳說，曾有全用木槍作戰的時代，在大家知道的出草戰爭中，各族大都使用弓矢射擊，用槍刺殺，用番刀斬首，在百餘年前，他們已盛用火槍，尤其阿美、布農、排灣、卑南、以及泰雅的後期戰爭中，皆用火槍作戰。弓有竹弓與木弓兩種，爲平式全休弓，以痲繩爲弦，弓頭有壺形頸，固定結弧於頸處。弓底有凸形契，在張弓時掛弦扣於其上。箭以竹爲桿，以鐵爲鏃，鏃型各族略有差異，下部尖細如軸，揷於箭桿上端裂開部，箭底有準眼，以爲上弦時之用；下部縛羽二支。槍頭鐵質菱形，下部有筒式軸式兩種，木柄長短不一。番刀大體北中部各族背直刃圓，南部各族背刃皆直。火槍爲長統攀機式，戰獵皆用之，此類鐵器大體仰給於漢人工匠，偶有自造者。防衛的武器，有長方形木盾。南部諸族的防衛戰，多在狹路中設障礙，削竹針長五、六寸，插於敵來的道路中，上蓋樹葉，以刺敵足。還有一種竹槍，長四、五尺，插於急坡的茅草中，以刺敵人的胸腹。或在懸崖處置陷棚堆石其上，使敵觸而墜岩，且被山石擊斃。

戰鬬多用襲擊方法，行進時常取快速潛行的原則，在到達敵社以前，先露宿一晚從事部署；次日，天未明前卽向敵社前進突襲，隊伍分突擊部隊、包圍部隊及後備部隊三種。如能出敵不意，在社外斬獲敵首一、二而歸，最爲上策；否則潛入社內，襲擊指定或最方便的一家，斬其首後急速退出，繞僻路而歸。如非爲了復仇，或係事前互約會戰，常是稍有戰果卽迅行撤退，以免自己的損失。一般族羣的慣例，如有一人戰死，卽不能算爲勝利；必須全師而還方爲勝利，並得舉行凱旋禮。如敵方早有所知，卽預行疏散，並於途中設伏，或在敵人尚未部署就緒卽出社迎擊，則可演成混戰；如能分兵斷其歸路，或乘敵未歸時，繞道掩襲敵社亦爲上策。

如突襲成功，斬獲了敵首，卽由斬首者用戰衣把它包起，置於網袋內背負而歸，隊伍皆隨其後，繞道歸社。在行近本社時，卽發槍數響，或齊聲呼喊；社內留守老弱婦女，必携酒出迎，共唱凱歌入社。戰士們旣已歸社，先集中於男子會所或主帥的家屋前面，飲酒狂歡。當日或次日對敵首作慰靈祭，大抵皆以豬肉、米糕少許塞入敵口，並灌以酒，告曰：「昨天你是我們的敵人，今天已是我們的朋友，請安心居此，並招你的同族多多來此，以慰你的寂寞罷！」祭告後，參加戰鬪者圍敵首歌舞。敵首的處置，大體分爲新首與頭骨兩階段。新首的處置，如曹族的習俗，是把敵首挿在竹竿上；如賽夏與排灣族，是把敵首置於高搭的敵首臺或敵首龕上；如布農族，則於一兩天內剪去敵首頭髮，出其腦漿，剝其皮肉，然後以骷髏爲飲器。頭骨的處置場所，如曹族有敵首籠；如泰雅、排灣、阿美族有敵首架；如賽夏、布農族有敵首棚；卑南族於敵首祭後，卽將其棄置於叢林中。

出草失敗或本族戰士中有死傷時，則無凱旋儀式，或仍舉行敵首祭，惟戰死者之家屬不參加。在泰雅族發起出草者應對戰死者之家屬出珠裙四件以爲賠償。或查出本社內有違反禁忌或犯姦通者拿出賠償。戰死者的屍體，有的棄置於戰場附近；惟排灣族與魯凱族則以棄屍於敵爲可恥，必負之至自己獵場內而後埋葬之。

戰敗者通常有三種途徑可以選擇：第一種是維續戰爭狀態，待機復仇。第二種是向其同族或友族部落或親族團體求援，有攻守同盟組織的部落常用增援方法維續抗戰；否則由被求援的部落會議決定，是否應援。第三種方法是請和，請和時多係請託一中立部落出面斡旋，向戰勝者請和，由戰敗者以土地、財物、武器作爲賠償，亦有直接由戰敗者前往戰勝部落請降者，條件講定後約定日期舉行和解儀式，由敗者方面的主帥或頭目爲代表，携壯丁數人持酒肉至戰勝者部落，互通詢問並宣誓後，互飲或合飲。阿美族、布農族、曹族並有埋石爲誓之禮。北中部各族，在和解儀式後卽各自散歸，南部諸族有殺豬屠牛會飲之俗。

第十章　神話與故事

第一節　日月與洪水的神話

關於太陽和月亮的神話，差不多各族都有，最普遍的是射日的神話，其次是日月相追的神話。玆分別列擧說明如下：

(一)射日的神話：

(1)泰雅族的傳說——在遠古我們祖先的時代，只有一個太陽，沒有月亮；半年爲晝，半年爲夜，人們困苦不堪，想了種種方法，無法變更。有一個人想到，如將太陽分爲兩半，或者會變得好些，可能分出晝夜，於是決定要把太陽分成兩半。他們選出了三名强健的青年，各人把自己的嬰孩負在背上，出發後沿途種植橘子樹作爲記號。但是走了很久，總是走不到太陽的地方，看着每一個青年頭髮都白了，最後，到了接近太陽的地方，他們都死了。可是他們各人背負來的小孩却都長大成了靑年。他們代替長輩繼續前進，最後到了太陽出來的地方。那裏非常的熱。他們就躲藏在日出地的山岔裏，看太陽正要上來了，就引弓發箭射去，這時血從太陽身上大量迸出，發射的人因此被血濺死。剩下的兩人，雖然身上濺滿了血，幸而未死，於是沿着去路吃着橘子回來。到家的時候，彎著腰，撐著手杖，已經變成老頭子了。自從他們射日歸來以後，日子已分了晝夜，晝間太陽出來，夜間月亮出來。人們的生活自此快活多了。

(2)賽夏族大隘社的傳說——遠古時候有兩個太陽，光熱非常利害。頂着山羊皮也馬上晒壞，不堪再用。戴箕在頭上，身體晒得腫起來，痛苦不堪。有個二十歲左右的青年，名塔勞拉浩來[Taro-lahorai]的，下了決心去征伐太陽，出發時沿途種橘與竹，向東方前進。數十年後終於射了太陽歸來。奇怪的是他回來走的道路，還是自西向東，居然也能回到家裏。

(3)布農族的傳說——洪水下降後，我族住在壇西冒克[taŋ simok]，其中有兩個太陽，一個下去，一個上來，炎熱不堪。一個名伊西卡爾姆丹[Isikalmutaŋ]的小孩，給太陽晒死了。其父怒而決心去征伐太陽。他帶了一個兒子携弓矢向太陽出發，把四房的粟都傾向簍筐裏，沿途種橘子樹，向太陽出來的地方走去。到了太陽出山的地方隱匿起來，待曾殺其子的太陽一出來，其父卽引弓發箭；適中太陽的眼睛，太陽的光熱頓時減低，於是那一個太陽便變成了月亮。月亮一直追到會所 Tsivalaŋ ，終於把人抓住。後來月和人中間成立了和解，當月出來時候，人們必須對她行祭。於是每月人們必以織物、鷄、豚、大羊等獻於月。月乃以綳布拭眼。現在我們還能看見月面上有布影。

(4)沙阿魯阿族的傳說——從前有一少女去河邊捕魚，一張網卽有一根木棒漂來着網，她卽取出投之下流。少頃該木棒又逆流而至，少女再棄之；再逆流而至，乃攜回家中棄之，不以爲意。過了兩晚，少女感覺懷孕，次日產一子，取名那巴阿拉馬[Nabaalama]。五、六歲時，卽能作弓矢射小鳥。一日與家人同往田間，回來不見弓矢，大哭；母勸慰之，並攜往採集許多篠管。一日那巴阿拉馬，盛水於甕，並繫以繩，持告母說：「現在天上有兩個太陽，不分晝夜，人人都感不便，我要去征伐，請稍忍耐，等我回來。」又說：「我若不死，不可動搖此器使水溢出，請製糕待我。」說完他就向東方出發，先至某獵場暫歇。他正想找些獵物，回頭看時，惟見太陽持弓而立，那巴阿拉馬正欲張弓射擊，太陽驚而走避。少頃太陽又出，見那巴阿拉馬還是張弓等待，又再隱匿。那巴阿拉馬心想如此守候，太陽避匿如故，不如躲藏以待太陽來此狩獵，乃入草叢暗中守候。太陽再出，見他已去，果如所料，逕向獵場前進，四處找尋獵物。正在走過那巴阿拉馬隱蔽的草叢時，那乃用力拉滿弓弦射之；矢鏃射入太陽體中，血流如雨。那時他所留給母親的水甕開始搖動。母親見此，知子無恙，不久將歸，乃搗糕以待，不久其子果然凱旋歸來，母大喜，執子手。忽然天昏地暗，咫尺不辨。社人驚怖以爲神譴，不知所措，皆向屋隅藏避。惟那巴阿拉馬之家，賴其母以前採回的篠管燃照明亮，還能辨認方向。其後數月，一個太陽纔自東方出來，但照耀約僅半小時又卽落下；惟後來一天比一天昇高，照的時間也加長，一直照到頭頂然後下去，並且，不再回東方，一直從西方下去。從此太陽雖然照常出來，但其光度已漸減低，現在我們都稱她爲月亮。

(三)日月相追的神話：

(1)阿美族馬蘭社的傳說——古時我們祖先還住在 tsilaʔasaŋ 的時候，並沒有天，也沒有日月運行，世界昏黑，咫尺不辨。祖先們深以爲苦，乃在山上開會商量，問誰能想出光照世界的方法。其中有男女兩人出來說，我兩人名齊馬魯巴羅和達普那，願意昇天爲日月，來照耀你們，請各安心，說畢二人就昇到天上。齊馬魯巴羅做了太陽，達普那做了月亮。二人昇天後，一東一西分手而去。日出月隱，月出日隱，再無會面機會。

(2)阿美族都蘭社的傳說——從前太陽和月亮本爲夫婦。太陽是女的，非常淫亂，月亮不喜歡太陽的行爲，於是出走，太陽不堪一人獨寢，見名爲布羅的細竹且歌且舞，甚愛慕之，乃從天上下降，欲與布羅竹結爲夫婦，布羅不肯，不得已乃回天上。

月亮與太陽分別後，降下地上與稀葉竹名利達多者結成夫婦。此竹亦非常淫蕩。月亮終於棄之再回天上，利達多思慕月亮，拼命向高處長，可是總攀不上，只得垂頭喪氣回到下界。其後日月二人再未見面，而利達多竹現在還是一度伸頭向天。最後垂下頭去。

關於洪水的神話，與日月神話一樣是世界性的。在臺灣土著各族間也普遍存在。其故事內容則頗有出入。玆亦分別列擧說明如下：

(一)以女獻神，治平洪水的故事：

(1)泰雅族的傳說——古時地上沒有高山深谷，土地平坦沒有崎嶇。河流也沒有一定的方向。某日洪水忽然來了，河川裏的水漸漸上漲變成了海。人們都向大霸尖山方面逃難，最後集中到大霸尖山頂上。大家商量着說，水漸漸漲上來了，怎麼辦呢？只有求神護佑，主張公推一人獻身於神。於是大家選了一個死不足惜的人為犧牲。將他投擲於水中，水不但不退，反而漲高。大家又說我們獻了毫無價值的人，神必震怒。建議將頭目的女兒奉獻給神，頭目不得已答應了，於是把他的女兒作犧牲品獻給了神。忽然聽見山崩之聲，水即漸漸退下去。地上出現了高崖深谷，水流出的地方留下來很多魚和鰻。吃也吃不完，都腐爛了臭氣沖天。此地的高山深谷，就那時所造成的。

⑵泰雅族的傳說二——上古時候，大地之底有穴，下雨後，水從穴中流走，從沒有積水的事，有一次因浮木沉下，堵塞了穴口，大家以為是人們頭上脫下的頭髮積滯所致。看着地上的水越來越大成了洪水。平地丘陵都已沉淪，只剩下了大覇尖山頂沒有淹沒。人們雖然祈禱厭勝，也止不住水的漲勢，茫茫濁水橫流，越來越大。此時海神在夢占中告某老人說：「如果你們以一女子獻我，我當退水。」但是誰也不肯作犧牲，後來算是得到一個醜女，獻辭說：「海中有黃金屋，何不往裏邊去安享快樂。」說罷就將醜女投入水中；可是水仍不退。當時有一個聰明的男子，出其不意，抱一美人投入海中。頓時瀰漫的大水，成為巨濤流去，水乃降下，露出像現在一樣的山。大家各自歸社，家裏積貯的糧食，早已漂流完了，穀倉裏

却裝滿了活潑的鮮魚。

(二)洪水中取火的神話：

(1)布農族東埔社的傳說——當我們的祖先跟從拉冒根，移住到壇西冒克的時候，有大蛇住於伊勞貢地方，河水為之堰止，釀成洪水之禍，地面不見，我們都到玉山及卓社大山逃難。那時沒有穀類可吃，只有獵肉。玉山上避難的人還有火，卓社則缺火種。乃命蟇往玉山取火。唯蟇帶回的火種，在潛水時總是被水浸滅。乃又命名 Salinuttad 之鳥往取，在飛回途中火又熄了。最後我們乃請凱皮斯鳥 [kaipis] 前往取火。凱皮斯銜火回來，現在我們因為報其功德，故禁殺該鳥。

有巨蟹見人們苦於洪水，乃決心與大蛇鬪。蟹對蛇說：「蛇！你敢咬我麼？」蛇咬了蟹一口，蟹有硬殼未死，蟹乃用其大鉗刺蛇，蛇死水退。

(2)曹族達邦社的傳說——古時有怪鰻橫在河中，河為之塞，水漲成了大海，有巨蟹來到玉山，大水幾乎就要漲上玉山頂。一切生物即將因之毀滅。怪鰻的身體高與玉山齊，蟹就用牠的鉗子試探的抓鰻一下，巨鰻不動。蟹先找到一個岩穴，以為逃避之所，乃再用力刺怪鰻。怪鰻痛而轉身。在牠的體中湧出巨流，其背有如山脊，還有檜林和廣大的丘陵，許多大水被牠喝掉故尚未成氾濫。那時我們斷了火種，乃派考約伊西[koioisi]鳥前往別處取火。因爲飛得太慢，無法把火種運囘玉山。囘來報告說：「我拿不囘來，因爲火燒到我的嘴，嘴痛把火丟了。」於是又請烏胡古鳥[uhugu]前往，烏胡古飛得很快，遂得火種囘來。我們爲答謝其功勞，乃約定牠隨時可以來稻田中央吃稻。考約伊西因爲沒有帶囘火種，所以只能在稻田邊上啄食。

第二節　創世神話

（一）山岩破裂生人的神話：

⑴泰雅族的傳說——古時天地開闢之初，一柱的男神與二柱的女神，降臨到大山的絕頂巨岩上，忽然巨岩裂開成了大殿。二神卽安樂的在其中過活。有一天男神對女神說，我們造子孫罷！女神微笑諾之。二神乃眼睛對着眼睛，口對着口作種種嘗試，都不洽意，偶有一蒼蠅飛來，落在女神的陰部，神們纔注意到「有餘」與「不足」之處，乃會意授孕之術，其後

行夫婦之道，不久懷孕生子數人，就是人類的祖先。

(2)雅美族的傳說——古時在拍布特山的高處，有巨大的岩石，一天忽作巨響，像天崩地陷一樣，此巨岩裂面爲二，裏頭出現了一個神人。其後起了大海嘯，波浪濤天，一個海浪打到魯魯塞克海岸茂盛的竹叢中，一根大竹裂開，又走出來一個神人。兩人都是男神，互相結爲朋友，時相過從。一天兩人並枕而臥，二神膝頭相擦，不覺之間一神右膝生一男孩，另一神左膝生一女孩。男女兩人後來繁殖，卽爲人類。

(3)卑南族的傳說——古時在拍那拍那央地方出現一女神，名奴奴拉敖。神的右手持一石，左手持一竹。一天女神投石於地，石裂開，有一神出來，此卽後來馬蘭社的祖先。後又插竹於地上，其上節裂開生出一女神，名孔賽爾；下節裂開生出一男神，名拍考馬拉伊。此二神爲卑南社的祖先。二神之間，生下拍勞加敖是男的，拍卡斯卡斯是女的。其裔孫有男神拉敖拉敖伊斯與女神蘇拉額敖。此二神之子孫有拍勞額敖、拍卡斯卡斯、拍考拉西和拍拉比四支。拍拉比之男和拍考拉西之女，結了婚生下子孫，與以前的諸神略有不同，容貌極似現在的人。卽成爲人的世代。

(二)蛇卵生人的神話：

(1)排灣族番阿番考社的傳說——太古時在考加包根山的絕頂上，太陽下臨生紅、白二卵，由名保龍的靈蛇孵化，生出男女二神，男神名保阿保郎，女神名查爾姆嘉爾，此二神的後裔即爲頭目之家。番丁之祖則爲青蛇卵中所孵出。

(2)排灣族阿達斯社的傳說——從前在皮那巴敖加桑的地方，有一株竹中出現一靈蛇，有一天忽然化爲男女二蛇神。蛇神生下了薩馬巴利和薩薩普嘉敖二子，是爲人類之始。其時有法力很大的海老，常起洪水，以苦人類，後來賴神之助把洪水驅退。漸次創造了萬物。人類因而繁殖起來。

(三)神造人的神話：

賽夏族的傳說——太古時神創造了人類，但繁殖以後，即有洪水發生，人都四散逃難，瀕於絕滅。有男子一人乘織機筒漂到夏爾比亞山上，拾得性命。但有敖保哀浩崩神忽然把他捉住殺死，切其肉爲細塊，口唸咒語投之海中，每一塊血都變成人。這就是我們的祖先，神命名爲賽夏人。後來又把敖保哀浩崩的腦子切成小段，投之海中，也都變成了人，這就是漢人。他們壽長就是因爲是腦子做的。後來又將骨頭打碎投之也都變成人，即頑强固執的泰雅族。

(四)糞蟲生人的神話：

布農族的傳說——古時在岷洞貢地方有二洞穴，有名哈爾哈爾的蟲，轉糞爲球進入穴中；過了十五天，一個穴中生出了男人，另一穴中生出了女人。兩人成長後結爲夫婦，生男女四人，以後子孫都互爲婚姻。繼續繁殖。

第三節 風俗起源的傳說

(一)紋身的起源：

(1)泰雅族兄妹結婚的傳說——古時某一山上的巨石裂而爲二，生出男女二人，哥哥妹妹兩人一直很和好，看着長到了青春時期，妹妹聰明已經懂得了人情，一天對哥哥說：「哥哥，你已經長大了，爲什麼還不娶妻子呢？」哥哥笑着說：「你教我到那兒去找妻子呢？」妹妹說：「她在山下的岩洞裏等着你呢！」哥哥說：「那麼，請你給我帶路罷！」於是妹妹在前頭走着，到了一個岩洞口，妹妹又對哥哥說：「哥！請你在外面稍等一下，我先去告訴她，你來了。」於是妹妹先進去了，妹妹走着自己想，我如果就是這樣，哥哥一定不肯娶我，乃想出主意，用煙煤塗在臉上化了裝，哥哥沒有發覺，因此兩人便成了夫婦。泰雅族婦女結婚前必定紋面，就是承受這個遺風。不過這種習俗，並非創世時代就有。乃是過了四、五代以後，纔開始的。

(2)泰雅、賽夏兩族區別敵我的傳說：

a.古時我們的祖先，被外族挑撥自相殘殺，敵我不分。後來有個賢明的人出來，敎我們刺墨以分別敵我，從此同族相殺的事漸少（泰雅族）。

b.我們的祖先，曾分為二隊毗鄰而居，常互相比賽人數多少。有一天人多的一隊說，我們知道打造刀要人多纔行，乃相率移往平地。剩下一隊人少，自覺如果互相殘殺，將自滅亡，乃互相刺墨以為識別（泰雅族）。

c.我們的祖先本無刺墨之俗，因為强鄰泰雅族，常經我們地方去出草，每被誤殺，泰雅族勸我們不如學他們刺墨在面上，以相識別，我們決不相殺。因此我們也從泰雅族學了刺面

(賽夏族)。

(二)獵頭的起源：

(1)沙阿魯阿族弒祖母的故事——從前有兄弟四人，父母早死，由祖母將其撫育起來，一天四兄弟捉到一隻蜻蜓，斬其頭置於石上，四人手拉着手，環繞著蜻蜓頭歌舞，覺得很有趣。後來又殺動物之頭，圍而歌舞，覺得更好。這樣漸漸轉移對象，最後想殺人頭一定更有趣，但無處可尋，終於把熟睡中的祖母的頭殺下，牽手歌舞，覺得更快樂，乃發見殺人頭非常有趣，於是開始了獵頭。

(2)阿里山曹族斬犬首、殺頑童的故事——古時天神哈冒降臨玉山造了人類，經年累月，子孫繁殖，分散在各地求食，忽然洪水泛濫，平地都成了海，四方的人都爬到玉山避難。那時還無五穀，僅獵獸爲食。一天殺一犬，斬其頭刺以竹竿，插在地上。大家看看很有趣，有人想到，如果是猴的頭一定更妙。乃殺一猴，插其頭於地，果然更樂。又有人想，如果是人頭一定更妙。當時有一頑皮小孩，人皆厭惡，乃殺此兒，斬其首插以竹竿，果然大樂。後來洪水退了，各回本社生活，大家想起斬殺頑童的快樂，於是就到他社出草獵首，這就是獵首習俗來源。

(三) 血族禁婚的起源

(1)泰雅族兄妹相姦的傳說：

a.古時有兄妹二人甚爲相得，常共起臥。一天早晨，兄妹久不起床，其父母怪而視之，見兄妹仍舊蓋着被頭不動，父母以爲未醒，搖之使起，兄妹口頭只答應，身體還是不動。父母怒掀其被，看見兩人相向，身體粘在一起，再也分不開。父不得已持刀斷其陰處，兩人皆死。此後嚴禁兄妹相婚。

b.古來兄妹相婚，必遭日月之怒，將有災難。某次，有兄妹二人在屋內休息，爲驚聲所誘而成姦，正在好事當中，鄰人叩門借火，兩人驚而欲起，可是無論如何分不開。兄羞慚之餘，拔刀自斷其陽物，兩人自殺而死。從此再沒有兄妹相姦的事。因此事發生之後，人的陽物與犬交換。

(2)雅美族近親相交生子不具的故事——遠古時有岩石裏生出的人，與竹裏生出的人甚爲和好，一夜兩人並頭而臥，膝頭相觸，各人右膝生男兒，左膝生女兒。此等男女各人自配爲夫婦，各生了兒女。可是石的一家和竹的一家所生子女都是非聾卽瞽，或是跛子，不知何故。後得神示，知道是近親相婚的結果。乃約定石、竹二氏互爲婚姻，從此子孫繁殖，再沒有什麼缺陷了。

第四節　技術起源的傳說

(一)狩獵的起源：

山猪傷人——太古時野鹿、山豬、羌都不怕人，常徘徊在番社左近。神敎導人說：「你們若要山豬，叫牠的名字牠就會來，鹿也是一樣，但不可殺傷牠們，只要拔其毛，置於簍中蓋之，少頃，卽可得肉。」人們由此得肉，都非常歡喜。某天，一個貪夫以爲毛尙且這樣好吃，肉一定更好，就找一機會，用刀割取了一塊山豬的肉。山豬惱怒，留下話說：「我一定不再給你們肉，以後你們出獵，必無所獲，卽使持有獵具，我必設法咬死你們。」說過之後就回深山去了。因此，我們出獵時，如聞不吉的鳥聲，就會被山豬咬傷。這就因爲祖先違了神的敎示（魯凱族）。

(二)農業的起源：

(1)狐掉糞生粟——古時我們的祖先以草葉野實爲生。某時有狐自懸崖掉下糞一堆，不久其地發芽長出草來，後來成長結實，試嘗其味佳美，乃携囘分給各社栽培之，卽爲粟（賽夏族）。

(2)掘山芋得粟——從前有人到山中掘山芋，拔出山芋後，發現有一深穴，進入探索，內有人家。有一名搭冒那伊者，見生人闖入，就責問道：「你是何人？來自何處？」這人答道：「我是卡那布族，因尋食物，掘山芋尋得此洞，進來看看。」搭冒那伊聽了，讓他進去，給以粟餅，食之味甚甘，問是何物？搭冒那伊告以粟製而成。這人就向他要了一點粟種，同時搭冒那伊還給他大角豆和木豆種。這人囘來纔傳授粟種於地上。所以現在我們粟祭時就是祭搭冒那伊（卡那布族）。

(三)煙草的起源：

(1)美女墓上長煙草的故事——從前有一個美女名馬魯比丁，與一青年名馬爾比爾克者相戀甚篤。忽然馬爾比爾克生病身死。馬魯比丁悲痛之餘憔悴而死。臨死告訴他的母親說：「

請恕不孝之罪，我死五天後，墓上將有一種草長出來。此草長大時可摘其葉，在太陽裏晒乾，用刀切細，燃火吸食，當有忘憂解倦之效。」五天後，其母至墓上一看，果有一種異草長出，如法焙製後吸之，果然有不可思議之快感。此草就是現在的煙草（阿美族）。

⑵山麓遇異人，口中吐火的故事——古時我們的祖先有一天走到山麓，見岩蔭間有口吐煙火的異人，非常驚異，走近問他說：「你們口中何以吐火呢？」異人笑答道：「這不是火，是煙草的煙，並不希奇，請試一吸。」祖先起初有點害怕，經試嘗後，果有妙味。乃以獵物和他交換帶回。因此有了煙草（布農族）。

（四）工藝製造的起源：

⑴揉皮鹿（神教揉皮術的故事）——古時原無祭山神之事，獸類常化爲人身，對生人作祟。某日，一男子出獵，水邊走來一鹿，頭頸高長，幾達雲際，眼光烱烱看人。這人驚懼不敢放矢，一轉眼間，鹿已逃逸無踪。同時，另一獵人也遇見同樣的事。兩人商量，欲觀究竟，乃鼓起勇氣射擊；但仍然不見怪鹿。依方向尋找到原來的地方，只見有物如布片落在地上。再走近一看，係一怪人，其脚被縛於樹上。欲加解救，彼却牽腿逃避，追之，則又向後轉

逃。他們就把樹幹砍倒，意欲將其壓死，結果一屍體掛於樹枝上，怪人則已不見。數日後，却見一皮掛在樹上，並無他物。自此才知道揉皮術。後來居民祭祀山神求佑，獸類也不再顯現怪異，並且從此獵獲更豐（阿里山曹族）。

⑵陶器製造——古時有人以遊戲的泥丸拋入火中，火熄見泥丸變硬。乃又製數丸把中心揑成凹狀，加沙投在火裏燒，有的全碎，有的裂縫，但尚完整。後來漸漸發明，知道在泥裏加沙，用炭火燒之，可以成器。這樣漸次知道了製造陶器（阿美族）。

⑶編簍——距今十七、八代以前，在郡大社有名達保庫爾者，一天削竹編簍，發明了篩粟米的器具，應用甚爲便利。夜夢祖靈啓示說：編竹是女人的事，應以此編簍方法傳之子孫。自此有了編簍技術，並成了達保庫家的專業（布農族）。

⑷紡織——古時我們的祖先只知在身上披樹皮草莖禦寒。其後有名龍格愛凱利者，發明晒樹皮取其纖維，織爲衣料。那時只知以竹爲針，以圓木爲機架。後來從埔里社學會績麻爲線和織布的方法（賽夏族）。

第五節　關於動植物的神話

(一)植物的神話：

(1)茄多之血——從前有二人打獵囘來，因爭奪獲物而吵架，一人怒將另一人射死。女子見而懼怕，鑽進茄多樹裏躲避，現在砍伐茄多樹出血，是卽爲此（排灣族）。

(2)山芭蕉——古時有名薩敖拉爾的人，見其妻生產男孩就養育起來，生女就殺而棄之，一日其妻在他出獵時生一女孩，一直未被丈夫發見，偷偷把她養大。一天忽盛裝爲其父盛飯，父命女去溪邊汲水，到了河邊，見河水枯渴，歸以告其父。父不信，令再去，女到了河邊仍汲不到水，囘去又怕給父親殺掉，乃枯守在河邊，變爲山芭蕉（布農族）。

(二)動物的神話：

(1)鳥類神話：

a.青鳩——古時有夫婦二人，育一女甚美，一日母用獸骨製一首飾，女向母索之，母不肯，女再三求之。忽見父囘來，女吃了一驚，忽然身輕生翼向空中飛去，變爲青鳩。雲霧風靜之日「吾苦，吾苦」悲鳴不已，乃是怨母之聲（泰雅族）。

b.烏鴉——古時有一個懶惰的人，每日嬉戲，不事生產。其母屢次訓誨，全無悔改之意。母氣憤罵道：「像你這樣的蠢人，會變成烏鴉，受人厭惡。」其子垂首無言，轉瞬全身生羽毛，變成烏鴉（阿美族）。

c.比翼鳥——從前有名泰保郎的男子，一日攜犬入山狩獵，忽失其犬，爬到樹上喊叫：「愛嗷，愛嗷」之聲，忽然生羽變鳥，其妻等待丈夫不回，乃入山找尋「嗷喔，愛喔」的喊着走着，忽然也變爲鳥身。現在山中唱和着「嗷喔！」與「愛嗷！」之聲的比翼鳥，就是泰保郎夫婦（布農族）。

(2)獸類的神話：

a.山貓與穿山甲——從前一處山上有山貓與穿山甲爲鄰，有一天，兩人在山中看見一個茅原。穿山甲對山貓說：「山貓，假使有人從茅原的四面放起火來，你知道不死之術嗎？」山貓向來是不服輸的，回答說：「只要你能做到的事，我一定能做到。但是世界上怕沒有在火裏燒不死的事吧，你也不必假裝好漢作死吧，咱們不如回去算了。」穿山甲說：「我從來不說假話，我馬上做給你看。」說罷走進茅草叢裏去了。山貓果然從四面放起火來，火燃沖天的成了燎原之勢。山貓甚爲得意，以爲穿山甲必死無疑。等燒完了，山貓正在殘燼中找穿山甲的尸體，看牠是否燒成了黑炭，想不到穿山甲安然無恙。山貓驚異得了不得，問以不死之道，穿山甲說：「我在茅草中間，火把我無可奈何。」山貓還不服輸說：「好吧，我也來試一下。」說罷，走進未燒完的茅叢中，穿山甲也放起火來，山貓不久被燒在裏面。穿山甲笑着走開了（布農族）。

b.鹿與蟹——有一個農家的姑娘。每天到田間去工作，很得祖父的歡心。一天孫女要求祖父給他做一個口琴，祖父給他做了。第二天她又請祖父再給她做一個，祖父又給她做了。其後天天如此，幾十天以後，祖父因事到了田間，見一大鹿，双角上掛了幾十個口琴，走進田舍，乃呼集壯丁將鹿射死。次日煮鹿肉給孫女吃。孫女只是抱着頭哭個不休，絕不入口。祖父安慰她，問何所欲？孫女說要鹿鞭，祖父笑與之，不疑有他，孫女得鹿鞭後簪於頭上，過了幾天，孫女從田間回家時渡一小溪時，落簪於水中。該女俯身欲拾之。鹿鞭已變爲蟹，潛入沙中，此爲蟹之祖。蟹的脊背上有窪處，乃是少女曾以竹刺了的痕跡（泰雅族）。

c.豹與熊——古時候人、猿、熊、豹都出於一個祖先。有一次，一個暴燥的人在田間因小事口角，把同伴殺死，因怕家人復讐，乃逃往山中與獸爲伍。因衣服汚黑，變爲熊。故現在熊都是黑的（布農族）。

又有一女子每天在家中織布，因許久未食肉。乃着斑紋布衣入山，乃變爲豹。因該女甚爲貪食。故豹也很貪婪殘忍（魯凱族）。

又有兄弟二人，一天無聊的在閒談，忽然想起主意，在兄弟的身上塗以黃黑兩種顏色的花紋，弟甚快樂，就以黑手塗在其兄身上，那時正有出草人走來，弟以手撫兄勸其速逃。因此兄全身變黑。二人則入山爲獸，兄變爲熊，弟爲豹（泰雅族）。

中華史地叢書

臺灣風土志

1912

作　　者／何聯奎、衛惠林　著
主　　編／劉郁君
美術編輯／鍾　玟

出 版 者／中華書局
發 行 人／張敏君
副總經理／陳又齊
行銷經理／王新君
地　　址／11494 臺北市內湖區舊宗路二段181巷8號5樓
客服專線／02-8797-8396　　傳　　真／02-8797-8909
網　　址／www.chunghwabook.com.tw
匯款帳號／兆豐國際商業銀行　東內湖分行
067-09-036932　中華書局股份有限公司

法律顧問／安侯法律事務所
製版印刷／維中科技有限公司　海瑞印刷品有限公司
出版日期／2017年3月台九版
版本備註／據1989年元月台八版復刻重製
定　　價／NTD 500

國家圖書館出版品預行編目（CIP）資料

臺灣風土志 / 何聯奎 , 衛惠林著. — 臺九版.
— 臺北市 : 中華書局, 2017.03
面 ; 公分. —(中華史地叢書)
ISBN 978-986-94064-3-7(平裝)

1.風物志 2.臺灣

733.4　　105022778

NO.G1007
ISBN 978-986-94064-3-7（平裝）